Editorial

Liebe Pferdefreun[illegible],

Foto: privat

wir lieben Pferde und kämpfen mit Aufklärung, Information und Achtsamkeit dafür, dass sie nicht nur als Sportpartner gesehen werden. Immer wieder erhalten wir Anfragen, ob wir nicht mit Geld oder Sachpreisen gewisse Veranstaltungen – in erster Linie Turniere – sponsern wollen. In den Social-Media-Kanälen habe ich immer wieder darauf hingewiesen, dass weder die Redaktion der Natural Horse noch der Crystal Verlag sich an solchen Veranstaltungen beteiligen möchte. Es lässt sich mit unserer Ethik einfach nicht vereinbaren, denn solche Veranstaltungen dienen nur dem Wettbewerbsdenken des Menschen. Was haben Pferde davon? Ehrliche Antwort: Stress, Stress und noch mal Stress!

Aber nun zu unserer aktuellen Ausgabe. Schon die alten Meister wussten: Um mit dem Pferd eine innere Einheit zu bilden, braucht es eine maximale Gelöstheit. Alexandra Rieger nimmt sich dieses Themas an. Petra Haubner geht zurück zu den Wurzeln und informiert über die ersten Schritte mit dem ersten eigenen Pferd. Marlitt Wendt erklärt Konfliktlösung auf Pferdeart mithilfe der Beschwichtigungssignale und wie man sie verstehen und deuten kann, denn nicht jedes Lippenlecken heißt Entspannung. Daniela Bolze begab sich auf ein Paddockgespräch mit Elsa Sinclair (Taming Wild), die ihre Facetten erweitert hat und mithilfe der Sinne Pferde motiviert. Und Gertrud Pysall widmet sich in ihrer Kolumne dem Pferderitual „Blocken".

Im Schwerpunkt geht es diesmal um die Hufe des Pferdes und warum es so wichtig ist, dass die Hufe nicht einfach als die Finger- und Zehennägel des Pferdes (und somit Maniküre- und Pedikürkörperteile), sondern als Organe und Stützen des ganzen Bewegungsapparates gesehen werden sollten. Dr. Konstanze Rasch widmet sich dem Thema, warum das Pferd beim Huf beginnt, und dem Thema „Problemlos Barhuf". Christina Fritz nimmt sich des Stoffwechsels und seiner Auswirkung auf die Hufe an. Manfred Hessel referiert über Kräuter, die für eine bessere Hornqualität sorgen können, und wir haben Armin Eberle, einen Huforthopäden, bezüglich Hufschuhen interviewt. Dabei sind wir auf einen Produzenten gestoßen, der sich der Nachhaltigkeit in Form von recycelbaren Hufschuhen verschrieben hat – die Swiss Galoppers. Als kleines Weihnachtsgoodie gibt es das Gratis ebook „Barhuf Umstellung leicht gemacht", das sich die Leser auf der Eco Hoof Print-Seite mit QR-Code oder per Link downloaden dürfen. Vielen Dank an Swiss Galoppers!

Bei den Recherchen haben wir entdeckt, dass das Thema Hufe ein ganzes Buch oder eine Sonderausgabe füllen kann. Also bitte nicht böse sein, wenn in einer der nächsten Ausgaben der eine oder andere Artikel als Ergänzung zur jetzigen Ausgabe kommt, weil er schlichtweg in dieser Ausgabe keinen Platz mehr fand. Aus diesem Grund ist der Schwerpunkt diesmal auch etwas üppiger ausgefallen. Mea Culpa, aber es gibt zu viele Pferde, die unter Fehlstellungen der Hufe oder Auswirkungen nicht artgerechter Fütterung jahrelang leiden. Deshalb liegt uns das Thema sehr am Herzen. Das Medical Training mit Nina Steigerwald ist auf die Hufbearbeitung leicht trainiert ausgelegt. Und Adrian Heinen stellt klar, dass zwischen Hufenehmen und dem Geben der Hufe ein großer Unterschied ist – auch das will trainiert werden.

Und wie immer haben wir in der letzten Ausgabe des Jahres eine Weihnachtsverlosung für unsere Leser mit attraktiven Preisen für den Pferdemenschen und sein Pferd. Aber ich möchte mich auch bei unseren Autoren, unseren Fotografen und allen Mitwirkenden der Natural Horse bedanken, denn ohne sie wäre die Natural Horse nicht das, was sie ist – ein Magazin der Achtsamkeit und des Verständnisses zwischen Pferd und Mensch. Ebenso gilt mein Dank unseren Kooperationspartnern und Inserenten, denen wir ein erfolgreiches 2022 wünschen. In diesem Sinne wünschen die Redaktion der Natural Horse und ich eine friedvolle und freudige Weihnachtszeit und einen glücklichen Start ins neue Jahr – mit Herzblut für unsere geliebten Pferde.

Mit pferdisch-empathischen Grüßen

Eure Martina Kiss

PS: Wir freuen uns immer über Kritik und Zuschriften als Feedback auf Natural Horse (redaktion@naturalhorse.de)!

Inhalt

14 Konfliktlösung auf Pferdeart

Foto: Maike Klein

32 Zeigt her eure Hufe

Foto: Cornelia Ranz

22 Pferde über Sinne motivieren

Foto: Anja Nothdurft

Fotos: Martina Kiss

52 Hufgesundheit – mehr als nur auskratzen

+ Gratis ebook „Barhuf Umstellung leicht gemacht"

Mit maximaler Gelöstheit

zur Harmonie mit Freund Pferd

von Alexandra Rieger

Reiten bedeutet nicht nur, das Pferd mit den gewohnten Mitteln „in die Gänge“ zu bekommen. Die Grundgangarten kann ein Pferd von Natur aus, aber um sie in Vollendung und taktrein herauszureiten, braucht es die maximale Gelöstheit. Maximale Gelöstheit beim Reiten sollte ein Grundbestandteil der mentalen Ausbildung sein, denn nur sie führt zur maximalen Aufrichtung, wie es uns die alten Meister vorgezeigt haben. Die maximale Gelöstheit führt jedoch nicht nur zur Aufrichtung des Reiters und in weiterer Folge zur Aufrichtung des Pferdes, sie führt auch zur inneren Einheit, die als Folge die äußere Gelöstheit von Pferd und Reiter hat.

Foto: Cosima von Klebelsberg

Maximale Gelöstheit bei gleichzeitiger maximaler Aufrichtung ist die Forderung aller großen Reitmeister. Wer sich seriös dieser Aussage widmet, erkennt, dass die Qualität der maximalen Gelöstheit nicht von außen nach innen erworben werden kann, sondern eine Arbeit von innen nach außen ist. All jene Reitlehrer/-innen, die diese Forderung in der Tiefe verstanden haben, lassen den Reitunterricht zur Lebensschule werden.

Und wie geht dies? Was können wir uns darunter vorstellen? Die maximale Gelöstheit kann nur errungen werden, wenn der Mensch erkennt, dass die maximale körperliche Gelöstheit ein Resultat der mentalen und emotionalen Gelöstheit ist. Der Mensch soll frei von belastenden, blockierenden und limitierten Glaubenssätzen, Gedanken, Vorstellungen und Ideen sein. Diese mentale Gelöstheit bewirkt eine emotionale Gelöstheit und erst eine mentale und emotionale Gelöstheit macht es möglich, eine maximale körperliche Gelöstheit zu erreichen, die unbedingt notwendig ist, damit der Mensch sich mit dem Pferd verbinden kann.

Erst wenn der Körper maximal gelöst ist, kann sich dieser auf die Bewegungen des Pferdes einschwingen. Der Mensch wird „eins“ mit dem Pferd. Dann entsteht das, wovon alle Reiter träumen: Reiter und Pferd werden zu einer Einheit. Diese Einheit kann nur entstehen, wenn der Schüler diese maximale Gelöstheit in sich errungen hat, die, wie oben erwähnt, ihren Ursprung, ihre Wurzel, in einer mentalen Gelöstheit hat. Es braucht also eine Schulung der inneren Gelöstheit, damit eine körperliche Gelöstheit, also eine äußere Gelöstheit, sich einstellen kann. Wie kann dies nun im Rahmen einer Reitstunde vermittelt werden?

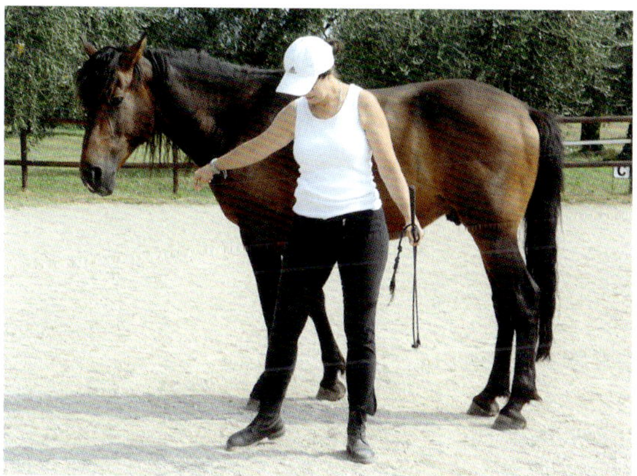

Um das Pferd zu bewegen, braucht es die eigene Fokussierung. Dieser geht eine maximale Erdung voraus. *Foto: Martina Kiss*

Reiten beginnt am Boden

Reiten beginnt nicht auf dem Pferd, sondern auf dem Boden. Am Boden werden zunächst die grundlegenden Qualitäten erarbeitet, die ihren Anfang in einer maximalen Erdung haben. Was ist Erdung? Es ist in Beziehung treten mit der Natur. Bereits hier sieht sich der moderne Mensch vor einem Hindernis, da er oftmals der Natur entfremdet lebt und wenig bis keinerlei Bezug zur Natur mehr hat.

Erdung können wir in einem von der Natur entfremdeten Menschen durch eine sehr einfache, doch gleichzeitig sehr wirkungsvolle Übung herstellen. Es ist die sogenannte Wurzelatmung. Hier fordern wir den Schüler auf, sich vorzustellen, Wurzeln wie ein Baum über seine Beine hinaus aus seinen Füßen in die Erde zu bilden. Über diese imaginären Wurzeln wird eine direkte Verbindung und damit Beziehung zur Erde/Natur hergestellt. Durch diese Übung gelingt es dem Schüler darüber hinaus, sein Bewusstsein in seinen Körper zu fokussieren. Sehr viele Menschen spüren ihren Körper kaum bis gar nicht mehr. Es ist der Kontakt zum eigenen Körper, der durch das moderne Leben verloren gegangen ist. Das kommt von einem Leben „im Außen". Anstatt sich auf sich zu konzentrieren („Ich bin wichtig!"), denkt der moderne Mensch „Was muss ich heute tun?". Das ständige „Im-Außen-Leben" wird durch den Leistungsdruck der Gesellschaft („Welchen Eindruck erwecke ich?") verstärkt und führt dazu, die eigenen Seelensignale zu überhören, und das endet in weiterer Folge darin, seinen Körper nicht mehr zu spüren. Wer seinen Körper nicht mehr spürt, kann auch seine Botschaften nicht mehr wahrnehmen. Die Seele wird hintangestellt und der Körper drückt das in Krankheiten aus. Die Folge dieser Lebensweise sind dauerhafte, immer wiederkehrende Erkrankungen des Körpers oder psychische Folgeerkrankungen. Um sich selbst wieder zu fühlen und auf die Signale seines Körpers wieder hören zu können, ist es wichtig, sich selbst bewusst zu machen, dass die- oder derjenige, um die/den es im Leben geht, man selbst ist. Das wird einem aber aufgrund der schnelllebigen Lebensweise schwer gemacht. Viele Menschen glauben, dass alles in Ordnung ist, und gewöhnen sich an ein „funktionierendes" Dasein – bis sie Depressionen oder ein Burn-out entwickeln.

Durch Gelöstheit zur Aufrichtung

Bereits an dieser Stelle erkennen wir die wichtige Aufgabe, die die Pferde heute haben. Sie geben den – von sich selbst abgetrennten – Menschen die Möglichkeit, zu sich selbst zurückzufinden.

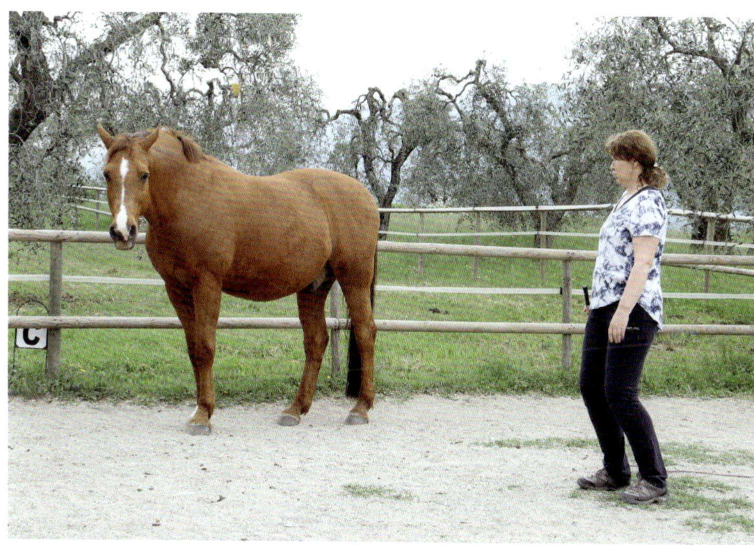

Arbeitet der Mensch an seiner Verwurzelung, löst sich die Verkrampftheit und das Pferd wendet sich dem Menschen zu. *Foto: Martina Kiss*

Dieses Zurückfinden ist auch ein Finden der eigenen Verwurzelung. Durch das „Verwurzeltsein" kann sich der Mensch lösen. Er kann unerwünschte gedankliche und emotionale Inhalte über seine imaginären Wurzeln ausatmen, ja, an die Erde abgeben. Es entsteht Lösung und aufgrund dieser Lösung kann im Weiteren eine innere Aufrichtung erarbeitet werden. Es ist nicht sehr sinnvoll, wenn der Reitlehrer seine Reitschüler verbal auffordert, aufgerichtet auf dem Pferd zu sitzen.

Reiten bedeutet in erster Linie, Spaß mit dem Pferd zu haben, und auch das Lachen am Pferd gehört zur maximalen Gelöstheit. *Foto: Cosima von Klebelsberg*

Der Reitschüler kann sich nicht aufrichten, wenn dies nicht über eine innere Aufrichtung, über das Denken, Wollen, Fühlen und Handeln geschieht. Hier ist es wie bei der Gelöstheit, die ebenfalls im Innen erreicht werden will – durch ein inneres „Aufrichten", das sich so ausdrückt, dass das Denken in Bildern erfolgt, die durch den Willen angeregt werden und über das Fühlen ihre Kraft erhalten. Sind so das Denken, Wollen und Fühlen auf einer Linie, ist das Handeln minimiert.

Das heißt, die Hilfen werden immer feiner und feiner, bis das Pferd letztendlich auf die inneren Bilder seines Reiters reagiert. Es wird eine telepathische Kommunikation erreicht.

Doch wie sehen Reitstunden heute leider immer noch aus? Viele Reitschüler, vor allem reiferen Alters, haben Berührungsängste mit dem Pferd, das reicht hin bis zur nackten Angst. Das ist bei Reitanfängern, die vor ihrer ersten Reitstunde wenig oder keinen Kontakt zum Pferd hatten, nur allzu verständlich. Das Pferd ist nicht nur ein sehr beeindruckendes physisches, sondern auch ein sehr starkes Seelenwesen. Mit diesem Wesen muss der Reitschüler die Möglichkeit bekommen, vertraut zu werden.

Zurück zur inneren Balance

Darüber hinaus haben heute viele Menschen wenig oder kaum Zugang zur Natur und damit zum Pferd und wünschen sich gerade auch deshalb, reiten zu lernen, um – meist unbewusst – einen Zugang zur Natur im weitesten und zum Pferd im direkten Sinne zu bekommen. Nun kommt ein solcher Mensch in die Reitstunde und wird oftmals gleich aufs Pferd gesetzt. Der Mensch ist in aller Regel (da er keine Beziehung zum Wesen Pferd aufbauen konnte) emotional überfordert und verkrampft sich. Dieser verkrampfte Mensch sitzt nun auf dem Pferd und kann sich nicht nur nicht mit den Bewegungen des Pferdes verbinden, sondern durch seine Verkrampfungen behindert er das Pferd in seinen Bewegungen.

Der Reitschüler kann durch die in ihm lebenden Verspannungen weder seinen eigenen und noch weniger den Körper des Pferdes spüren. Was das für das Pferd bedeutet, kann sich jeder ausmalen. Das Pferd leidet unter dem verkrampften Körper auf seinem Rücken. Wenn der Reitschüler dagegen die Möglichkeit bekommt, sich vor dem Aufsteigen zu lösen, und zwar auf mentaler, emotionaler und damit körperlicher Ebene, dann sieht das „Reitenlernen" komplett anders aus. Es geht verhältnismäßig schnell, dem Reitschüler die Basiselemente zu vermitteln, da diese vor allem über das Wahrnehmen und Fühlen im Körper geschehen. Das Pferd steht uns bei solchen Reitstunden gerne zur Verfügung, da es maximal respektiert und in seinen Bewegungen nicht ständig behindert und belastet wird. Vor allem muss das Pferd keine emotionalen Belastungen aufnehmen, die im Fall von Angst und allen negativen Emotionen beträchtlich sind.

Wie innen so außen

Es ist ein massiver Anstieg an Reitschülern zu verzeichnen, da immer mehr Menschen heute intuitiv spüren, dass das Pferd eine „Brückenfunktion" einnimmt. Es führt den von der Natur entfremdeten Mensch zurück zur selbigen und damit zurück zu sich selbst. Diesem Anstieg an Reitschülern können wir nur dann gerecht werden, wenn wir unsere

Beschwichtigungssignale wie Lecken und Abkauen können auf Stress beim Pferd hinweisen. Schnaubt das Pferd ab, kann es aber auch zur Entspannung beim Menschen beitragen. *Foto: Martina Kiss*

Pferde so mit einbeziehen, dass die Vorgehensweise auch für unsere Pferde förderlich ist.

Wie kann oder sollte nun eine Reitstunde aussehen, die sowohl dem Menschen als auch dem Pferd dient? Am Anfang steht eine Begegnung am Boden mit dem Pferd, sodass der Reitschüler eine Beziehung zum Wesen Pferd aufbauen kann – eine Beziehung, die auf Vertrauen und Respekt aufgebaut ist. Dann werden die Schritte der maximalen Gelöstheit und maximalen Aufrichtung erarbeitet. Jetzt kann der Reitschüler aufsteigen. Während der Reitstunde achtet der Raidho-Reitlehrer darauf, ob die Gelöstheit des Schülers aufrechterhalten werden kann. Tritt im Schüler eine Verspannung auf, dann wird dieser gebeten, in die Mitte der Reitbahn zu kommen, und die Verspannungen werden gelöst.

Folgendes Beispiel zeigt, wie wichtig die Gelöstheit in der Arbeit mit dem Pferd ist: Der Schüler verspannt sich in der Stunde im Bereich der Hüfte. Es gelingt ihm nicht, die Bewegungen des Pferdes über die Hüfte abzufangen, und er plumpst schwer in den Rücken des Pferdes.

Da der Raidho-Reitlehrer weiß, dass hinter jeder körperlichen Verspannung eine mentale/emotionale steht, führt er den Reitschüler in einer Innenschau in die Hüfte, um die dort liegenden Blockierungen zu lösen. Dadurch bleibt nicht nur das Pferd von störenden und belastenden Energien verschont, sondern der Schüler erfährt, wie er sich seinen inneren Blockaden im Alltag stellen kann, um nicht fremdbestimmt durch in ihm lebende unbewusste Emotionen zum Spielball zu werden. Ich als Reitlehrerin und Pferdebesitzerin erlaube es nicht, dass sich Menschen auf meine Pferde setzen, die diese Vorbereitung nicht haben und nicht willig sind, diese Schritte zu gehen – aus Respekt meinen Pferden gegenüber. Wir sollten die unendliche Geduld unserer Pferde nicht missbrauchen, sondern vielmehr würdigen, damit sie ihre Aufgabe im besten Sinne erfüllen können, ohne dabei Schäden davonzutragen.

Durch die Aufrichtung können wir dann eine Verbindung zwischen Denken, Wollen, Fühlen und Handeln herstellen, sodass auch die Kommunikation über diese vier Schritte mit dem Pferd abläuft. Das heißt, der erste Schritt liegt im Denken.

Alexandra Rieger ist die Gründerin von Raidho Healing Horses, einer Coachingausbildung mit Pferden, die die körperliche, mentale, emotionale Bewusstseinsebene des Menschen anspricht und auf der anderen Seite die Energiearbeit mit Pferden zum Ziel hat. Sie ist Autorin der Bücher „Mit den heilenden Kräften der Pferde", „Chakrenarbeit mit Pferden", „Krafttier Pferd" und „Wie Pferde heilen". Seit 1995 arbeitet sie in der Erwachsenenbildung (Alpha-Training, NLP, Pferdegestütztes Lernen) und hat eine Ausbildung zur Psychopädagogin. Weitere Ausbildungen mit Pferden waren Bodenarbeitsseminare und Kommunikationstraining in Warendorf und in Rosenheim, Selbsterfahrung mit Pferden, Pferdegestütztes Lernen und eine Ausbildung in schamanischer Energiearbeit. Im Jahr 2021 startete ihre neue Ausbildung zum Raidho Equi Coach, eine auf Erdung, Gelöstheit, Aufrichtung und Verbindung aufgebaute Reitlehre, die das Reiten des Pferdes ohne Sattel und Zaumzeug zum Ziel hat.
www.raidhohealinghorses.com

Das erste eigene Pferd

Partnerschaft ab dem ersten Hallo

von Petra Haubner

Foto: Tom Haubner

Pferde sind viel mehr als Reitpferde, Freizeitausgleich oder Trainingspartner – im Idealfall sind sie der sichere Partner an unserer Seite. Genau diese Partnerschaft will wie eine zarte Pflanze von Anfang an richtig gehegt und gepflegt werden, damit sie zu einer starken und echten Beziehung werden kann. Aber viel zu oft passiert im Alltag genau das Gegenteil, wenn ein neues Pferd im Stall einzieht. Wir vergessen leider viel zu oft, dass eine echte Beziehung nur über einen ehrlichen Dialog entstehen kann, und behandeln das Pferd unbewusst viel mehr wie ein Fahrrad und nicht wie einen Freund. So verbauen wir uns aber genau die vertrauensvolle und starke Beziehung, die wir uns so sehr wünschen.

Und jedem Anfang wohnt ein Zauber inne.

Hermann Hesse

Wenn wir ein Pferd in unser Leben holen, entscheidet die erste Zeit maßgeblich mit darüber, ob wir diesen besonderen Zauber in echte Beziehungsmagie verwandeln können oder ob wir einfach nur ein technisches nettes Hobby aus dem Zusammensein mit dem Pferd machen.

Wenn wir unser Pferd von Anfang an nicht als „Reitpferd" oder „Trainingspferd" betrachten, sondern als gefühlvolles Lebewesen mit Wünschen, einer Persönlichkeit und Bedürfnissen und wenn wir dem Pferd von Anfang an erlauben, mit uns zu reden sowie eine Meinung zu haben, können wir uns bewusst gemeinsam mit dem Pferd eine Beziehung im Dialog und Miteinander aufbauen.

Freund oder Fahrrad?

Wenn ich die Frage stelle: „Ist das Pferd ein Freund oder ein Fahrrad?", wird die Antwort vermutlich wie aus der Pistole geschossen kommen: Ein Freund. Schauen wir uns dann die Realität an, werden wir feststellen, dass viel zu viele Pferde tatsächlich wie Fahrräder behandelt werden. Sie werden in die Box gestellt, sie sollen immer brav alles mitmachen, sie dürfen nicht Nein sagen, sie müssen all die Ideen ihrer Besitzer mittragen und haben wenige bis gar keine Rechte – noch nicht einmal über ihren Körper, denn die meisten Menschen wollen ihr Pferd ab dem ersten Tag anbinden, putzen, führen oder trainieren, wann und wie sie wollen. Viel zu oft werden Pferde sehr schnell genauso trainiert und „genutzt", wie man sie auch gekauft hat: als 100-prozentige Reitpferde ab dem ersten Tag.

Gerade wenn sie schon Erfahrung haben und auf dem Papier ausgebildete Reitpferde sind, haben viele Neu-Pferdebesitzer sehr schnell den Anspruch, mit ihrem Pferd sofort loslegen zu wollen. Viele Pferdemenschen sind gefrustet, wenn nach ein paar Wochen oder Monaten noch keine supertolle Beziehung zwischen ihnen und dem Pferd besteht. Dabei vergessen sie, dass die gemeinsame Zeit auf wenige Stunden am Tag und oft wenige Tage die Woche beschränkt ist. Außerdem ist bei einem Besitzerwechsel alles neu für das Pferd. Der Stall ist neu, die Umgebung ist neu, die Herde ist neu und der Besitzer ist es ebenfalls. Er spricht vielleicht eine ganz andere emotionale Sprache, hat andere Signale und eine andere Körpersprache als der Vorbesitzer.

Deswegen sollten wir jedes Pferd – egal wie alt es ist – erst einmal wie ein weißes Blatt behandeln. Oder – um es mit einem Bild zu versuchen: wie das Kind, das umziehen musste und in einen neuen Kindergarten kommt. Fänden wir einen

Bis das neue Pferd seinen Platz in der Herde oder Gruppe gefunden hat, kann es Tage, Wochen oder sogar Monate dauern. *Foto: Tom Haubner*

Kindergarten nicht auch schrecklich, in dem das Kind sofort und ohne jede Eingewöhnung das Programm voll mitmachen müsste? Würden wir nicht den Kopf schütteln, wenn das Kind in die Gruppe geschmissen würde, und keiner würde ihm alles zeigen, ihm Zeit zum Kennenlernen und Ankommen geben?

Oder wenn wir die neue Kollegin oder der neue Kollege am Arbeitsplatz wären: Wie fänden wir es, wenn wir eine neue Stelle beginnen würden, und gleich ab dem ersten Tag würden alle erwarten, dass wir ohne jede Erklärung und Einführung diese Stelle sofort zu 100 Prozent ausfüllen? Keiner erklärt uns etwas, keiner zeigt uns etwas, keine Einarbeitungszeit – dafür aber sofortige Ungeduld, wenn wir abgelenkt noch nicht so gut mitarbeiten können? Mit diesem Bild gehen wir jetzt in die Praxis und überlegen uns, wie ein schöner Start mit dem ersten eigenen Pferd oder einem neuen Pferd aussehen könnte.

Die ersten Wochen

Wenn das Pferd ankommt, sollten wir ihm Zeit geben, alles kennenzulernen und zu beschnuppern. Wir sollten im Idealfall eine Integrationsbox oder ein Integrationspaddock mit leckerem Heu vorbereitet haben, wo es ankommen und die neue Herde oder einzelne Herdenmitglieder über einen Zaun hinweg kennenlernen kann. Nach ein paar Tagen (oder Wochen – je nach Charakter des Pferdes) kann es dann in die Herde. Es wird vermutlich einige Tage oder Wochen oder sogar Monate dauern, bis es sich langsam die Position erarbeitet hat, die eigentlich in seiner Natur liegt. Deswegen kann es durchaus sein, dass es am Anfang an manchen Tagen aufgeregter oder müder ist als an anderen Tagen.

Schneller TIPP fürs Mindset: *Wenn du zu deinem neuen Pferd gehst, stell dir den Raum um dich herum wie eine schillernde, weiche Blase vor, die dich umgibt. Sie gehört dir und du entscheidest, wie klein oder groß diese Blase ist. Sei dir der Blase zu 100 Prozent bewusst und sage deinem Pferd freundlich und klar, wenn es unerlaubt in diese Blase eindringt. Das wird dein Pferd spüren, es wird es verblüffen und ihm zeigen, dass du weißt, wer du bist, und deinen Platz mit kleinen Gesten und innerer Sicherheit zu beanspruchen weißt. Gleichzeitig darf auch dein Pferd eine Blase um sich herum haben. Sie schillert auch und ist ebenfalls weich und zart. Dein Pferd entscheidet am Anfang, wann du in seine Blase darfst. Wenn es den Kopf abwendet oder ihn dir nicht zustreckt, wenn es einen Schritt weggeht oder sich leicht anspannt, wenn du dich näherst, und so weiter, sagt es dir damit, dass du noch nicht in seine Blase darfst. Habe Geduld, gehe wieder einen Schritt zurück, sei da und lass deinem Pferd Zeit. Es wird – je nach Charaktertyp früher oder später – neugierig werden und seine Blase irgendwann nach und nach für dich öffnen. Aber es merkt von Anfang an, dass du eine gute Kommunikation beherrschst.*

Praktischer Plan für die ersten vier Wochen

Für die ersten Tage und Wochen mit dem eigenen Pferd kann es viele verschiedene Wege geben. Der folgende Plan für die ersten vier Wochen ist nur als Beispiel zu verstehen. Manche Pferde sind introvertierter und brauchen vielleicht länger. Manche Pferde sind eher extrovertiert und offener und wollen schneller Kontakt und Action in ihrem neuen Pferdeleben. Nichts von dem Folgenden ist in Stein gemeißelt. Es ist nur eine Inspiration oder Idee, wie man es angehen kann.

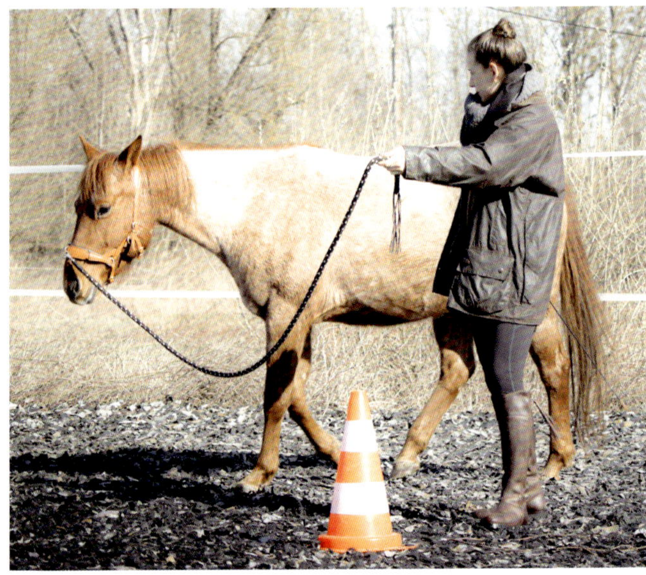

Beim Führtraining lernt das Pferd dem Menschen zu vertrauen, aber auch die Körpersprache und Kommunikation seines Menschen besser kennen. Je präziser, positiver und klarer der Mensch seinem Pferd gegenüber kommuniziert, desto schneller wird eine feine und klare Verbindung entstehen. *Foto: Tom Haubner*

1. Woche: Im Idealfall besuchen wir das neue Pferd so oft wie möglich und setzen uns einfach zu ihm. Wir sind schlicht da. Wir gehen nicht hin, fordern nicht, sondern kommen und warten. Wir halten ihm die Hand zur Begrüßung hin und lassen ihm die Zeit, die es braucht.

2. Woche: Wir sagen wieder höflich „Hallo", lassen dem Pferd Zeit zu kommen und holen es immer raus, wenn wir kommen. Wir gehen mit dem Pferd beim ersten Mal den Stallbereich ab und lassen es überall schauen, checken und schnuppern. Wir sind nur „Passagier" bei dieser Runde und laufen entspannt mit. Beim nächsten Mal zeigen wir ihm etwas bewusster und länger die wichtigen Bereiche, wie Putzplatz, Reithalle, Reitplatz, Tore, Wege zur Koppel und so weiter. Wir sind langsam „Führungsperson" und werden nur an den einzelnen „Spots" zum Passagier, sodass wir dem Pferd alle Zeit der Welt lassen, die einzelnen Bereiche in seinem Tempo zu erkunden. Beim nächsten Mal putzen wir das Pferd und schlingen den Strick nur locker um den Haken am Putzplatz. So lernen wir das Anbindeverhalten des Pferdes ein bisschen besser kennen.

Wir fragen die Hufe höflich an, hören dem Pferd beim Putzen zu und achten auf seine Signale. Will es irgendwo nicht so gern geputzt werden, registrieren wir das. Will es nicht so gerne Hufe geben, registrieren wir auch das und beobachten das Verhalten über die kommenden Wochen und Monate. Wenn es besser wird, hatte es etwas mit dem noch fehlenden Vertrauen zu tun. Wenn es nicht besser wird, ist genau das ein Punkt, den wir checken können.

3. Woche: Je nach Charaktertyp des Pferdes und unserem Selbstvertrauen gehen wir erste Runden mit dem Pferd spazieren. Wir können eine Runde um den Hof machen oder schon etwas weiter gehen – je nachdem, wie entspannt das Pferd ist. Denn das erfordert Vertrauen vom Pferd, das wir ja eigentlich noch nicht haben. Wenn wir also ein nervöses oder unsicheres Exemplar haben, sollten wir beispielsweise nur eine kleine Runde um den Hof machen. Diese Spaziergänge können wir schrittweise ausdehnen und jedes Mal ein paar Meter weiter gehen. Außerdem können wir erstes Führtraining auf dem Platz machen und die Kommunikation so abfragen, die Basis checken und im Zweifelsfall verfestigen.

4. Woche: Je nach Stand der Kommunikation und Charaktertyp des Pferdes machen wir noch ein bisschen weiter wie in Woche 3. Wenn das Pferd aber sicher und entspannt ist und wir ein gutes Gefühl haben, können wir schon etwas Gelassenheitstraining auf dem Platz und längere Spaziertouren machen, vielleicht auch schon erste Runden im Sattel mit dem Pferd drehen und auch dort die Basis abfragen und abchecken.

Ab jetzt können wir alles vom Boden und vom Sattel aus ausbauen und aufbauen und nach und nach all die Dinge angehen, die wir mit dem Pferd geplant haben. Immer wenn etwas gut klappt, können wir einen Schritt weiter gehen. Wenn etwas nicht gut klappt, gehen wir einfach wieder einen Schritt zurück oder auf die Basis zurück und festigen diese wieder, bevor wir weitermachen.

Das weiße Blatt

Dies sind nur inspirierende Gedanken für die erste Zeit: Stell dir vor, dass dein Pferd ein weißes Blatt ist. Egal, was es vorher gelernt hat, egal wie gut seine Ausbildung ist oder was die Vorbesitzer dir erzählt haben: Jede Beziehung hat eine eigene Dynamik und jedes Miteinander entwickelt sich in der gemeinsamen Zeit auf eine eigene Art und Weise.

1. Versuche, vorurteilsfrei auf dein neues Pferd zuzugehen und dich von all den Erzählungen oder Geschichten freizumachen, die dir vielleicht im Kopf herumschwirren.

2. Versuche, erwartungsfrei auf dein neues Pferd zuzugehen und dich freizumachen von deinem inneren Druck der Erwartungen und dem Druck, der vielleicht von außen durch die Stallgemeinschaft und deren Erwartungen auf dich ausgeübt wird.

3. Stelle dir vor, dass dein Pferd ein weißes Blatt ist und ihr gemeinsam in den ersten Wochen und Monaten ein Bild von euch und eurem Miteinander auf dieses Blatt malt, und

Beim Spaziergang lernt das Pferd die neue Umgebung kennen und seinem Besitzer zu vertrauen, was in einer fremden Umgebung eine große Herausforderung für das Pferd sein kann. *Foto: Jessica Freymark*

Wendet das Pferd seinen Kopf dem Menschen zu, ist es ein Zeichen, dass es interessiert ist – einer der ersten Schritte, um eine sanfte Kommunikation aufzubauen. *Foto: Tom Haubner*

erlaube dir, das Blatt immer wieder neu zu bemalen, sodass du nie festgefahren zu deinem Pferd gehst, sondern jeder Tag wie ein neuer Tag für euch wird.

4. Versuche, dir den Zauber des Anfangs zu bewahren, indem du dich immer wieder daran erinnerst, wie schön es ist, dass dein Pferd in deinem Leben ist, wie du dich gefühlt hast, als du dich für dein Pferd entschieden hast, und wie aufgeregt und glücklich du warst, als dein Pferd endlich in deinem Stall angekommen ist – egal, wie viele Tage, Wochen oder Monate dein Pferd dann schon bei dir ist.

5. Gib dir und deinem Pferd Zeit, euch gegenseitig kennenzulernen, und mache dir immer wieder bewusst, dass für euch beide alles neu ist. Hab Geduld mit dir und mit deinem Pferd. Beziehung und Vertrauen brauchen Zeit und gemeinsame Erlebnisse, egal ob es eine Beziehung zwischen Pferd und Mensch oder zwischen Menschen ist. Keine Freundschaft entsteht an einem Tag, richtig?

Bereichernde Kommunikation ab dem ersten Tag

Pferde sind als Fluchttiere sehr gut darin, ihre körperlichen Themen und Probleme zu kompensieren und Schmerzen zu unterdrücken. Sie haben in aller Regel den Willen, zu gefallen und in Harmonie mit ihrem Gegenüber zu sein. Deswegen sind sie sehr kooperationswillig und gehen oft über ihre Grenzen. Wenn sie also widersetzlich sind, sich weigern, etwas zu tun, oder „Nein" zu etwas sagen, haben sie einen Grund für ihr Verhalten. Deswegen sollten wir immer auf Ursachensuche gehen, statt uns körperlich durchzusetzen.

Dieser Grund kann beispielsweise ein körperliches oder seelisches Problem des Pferdes sein, kann in vergangenen schlechten Erfahrungen liegen oder in unserer missverständlichen Körpersprache sowie emotionalen Unsicherheiten. Gleichzeitig wünschen Pferde sich natürlich klare, faire Führungspersönlichkeiten, um sich sicher und aufgehoben zu fühlen. Je mehr wir dem neuen Pferd also von Anfang an der Fels in der Brandung und der ruhende Pol sein können, desto schneller wird es sich anschließen wollen. Die Gefahr, dass wir über ihre Seele, ihren Körper oder ihren Schmerz hinwegtrainieren – wenn wir uns von Anfang an mit Druck durchsetzen –, ist gleichzeitig sehr groß. Es ist eine schwierige Balance und Gratwanderung, die zu meistern vermutlich eine der größten Aufgaben eines jeden Pferdemenschen ist.

Deswegen denke und trainiere immer kleinschrittig, lösungsorientiert und fokussiert und kehre immer wieder zur Basis zurück, wenn etwas nicht klappt. Dieser Tipp gilt, egal ob es um das neue Pferd geht oder um eine langjährige Trainingsbeziehung. Wenn mit deinem neuen Pferd etwas nicht funktioniert – selbst wenn es beim Vorbesitzer kein Problem war –, sei nicht frustriert oder verärgert, sondern forsche nach, gehe einen Schritt zurück und sieh es als Kommunikationsversuch deines Pferdes an.

Wenn wir ihnen von Anfang an erlauben, mit uns zu reden, werden wir vielleicht manchmal Dinge hören, die wir nicht hören wollten, aber wir haben die Chance, eine vertrauensvolle, ehrliche und echte Beziehung zu entwickeln. Wenn wir über diese erste Kommunikation in der Anfangszeit mit Druck hinweggehen und unseren Willen durchsetzen, vergeben wir die Chance auf einen echten Dialog und damit auch auf eine tiefe Beziehung.

Therapeut, Partner, Seelenwesen

Pferde können Psychologe, Freund, Seelenpartner und noch viel mehr für uns sein, wenn wir es zulassen. Denn sie sind im Grunde Energie auf vier Beinen. Das klingt vielleicht im ersten Augenblick etwas esoterisch, aber genau dieser Punkt ist ein riesengroßer „Gamechanger" im Pferdetraining. Wenn wir wirklich verstehen und uns ganz deutlich bewusst machen, dass Pferde in Energie denken, fühlen und handeln, können wir eine ganz andere Beziehungs- und Trainingsebene mit ihnen erreichen – ab dem ersten gemeinsamen Tag.

Was ich damit meine: Wir Menschen tragen Gefühle, Gedanken und Energie in uns. All das spiegelt sich in unserer Körpersprache und beeinflusst das Verhalten unseres Pferdes enorm. Pferde sind Gefühlsleser und hochempathisch.

Das zu wissen, ist wichtig für unsere Zusammenarbeit und die erste Zeit mit dem neuen Pferd an unserer Seite. Das Wissen um diese Energie und den Raum, in dem wir uns bewegen,

Bedenkt man, dass Pferde Fluchttiere sind, ist der Reiter auf dem Rücken ein enormer Vertrauensbeweis des Pferdes. Das sollte jeder Reiter bedenken, der sich auf den Rücken seines Reitpartners schwingt. *Foto: Tom Haubner*

kann uns von Anfang an zu einer besseren Bindung mit dem Pferd verhelfen. Es mag merkwürdig klingen, aber wenn wir uns am Anfang mehr Zeit lassen, werden wir später viel schneller vorankommen.

***Tipp:** Wenn du zum Stall kommst und dein Pferd ist vielleicht aufgeregter oder geistig abwesender als sonst, fange an, tief auszuatmen, in dich hineinzuhören und zu überlegen, wie du dich eigentlich fühlst. Vermutlich wirst du feststellen, dass du einen hektischeren oder unsichereren oder anstrengenderen Tag hattest als sonst. Ein Pferd weiß nämlich oft schon lange vor dir, ob du deine innere Ruhe schon gefunden hast und wie es dir geht – auch wenn es dich noch nicht so lange kennt.*

Pferde sehen hinter unsere Maske und schenken uns nur dann ihr Vertrauen, wenn wir unsere innere Ruhe und Stärke entdecken, wenn wir uns unseres Selbst bewusst sind und unseren Raum für uns einnehmen können. Genau deswegen ist es auch so unsinnig, dass wir ab dem ersten Tag mit dem neuen Pferd sofort loslegen und gleich alles abrufen wollen, was das Pferd vielleicht schon kann. Auch wenn es ein erprobtes Reittier ist, bleibt es trotzdem ein Lebewesen, das in einer fremden Umgebung ist, sich auf eine fremde Herde einstellen muss und einen fremden Menschen mit fremden Gefühlswelten vor sich hat.

Foto: Carolin Burgert

Petra Haubner ist Journalistin und hat das eMagazin Pferdeflüsterei (mit einem pferdefreundlichen Onlineshop für gutes Zubehör, natürliches Futter und Fair Fashion sowie dem Pferdeflüsterei Campus mit Onlinevideokursen von pferdefairen Trainern und Experten) gegründet – mit allen Facts zu artgerechter Pferdehaltung, pferdegerechtem Training und Pferdeverhalten. Von Experteninterviews bis zu Kursberichten und Trainingstipps. Immer mit dem Fokus: pro Pferd. Ihr Motto: Pferdeflüstern bedeutet, dass wir lernen, das Flüstern der Pferde zu hören und zu verstehen. Pferdeflüstern ist kein Mythos, sondern Arbeit an uns selbst, Körpersprache, Timing, Achtsamkeit, Mindset und Wissen.
www.pferdefluesterei.de

KONFLIKTLÖSUNG AUF PFERDEART

Beschwichtigungssignale verstehen

von Marlitt Wendt

Pferde haben als sensible Herdentiere ein feines Gespür für ihr Gegenüber und ein ausgefeiltes Sozialverhalten, um aufkommende Konflikte frühzeitig zu erkennen und deeskalierend zu handeln. Für ein harmonisches Herdengefüge ist es immens wichtig, dass Pferde unterein-

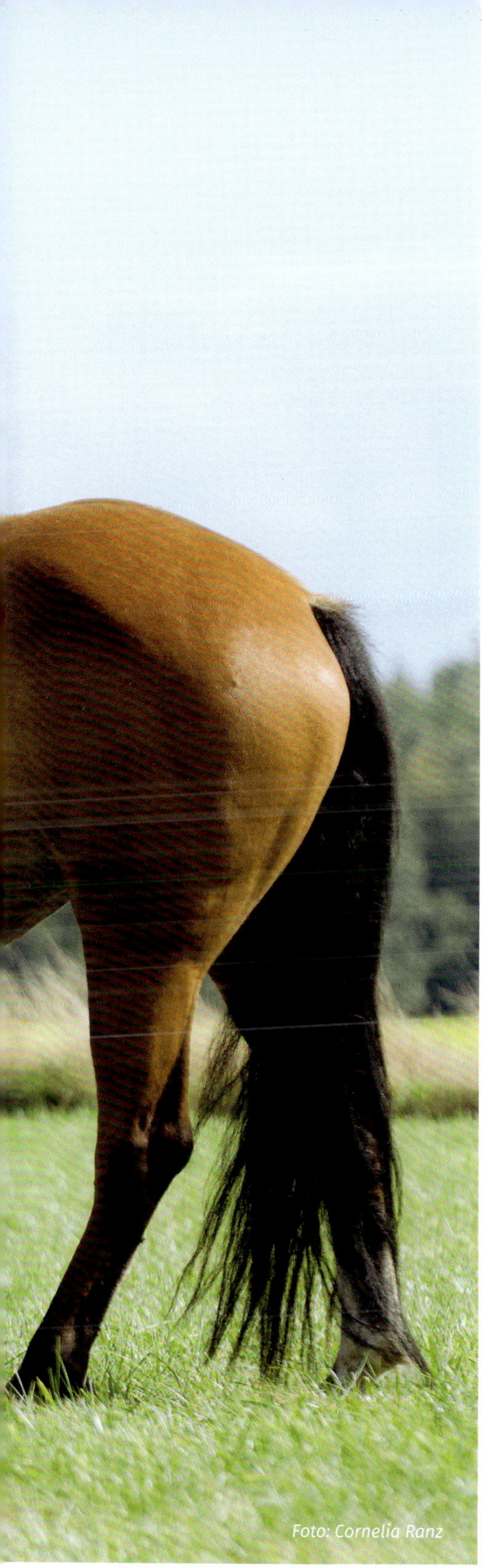

Schon leichteste Kau- oder Lippenbewegungen haben eine Bedeutung für Pferde. *Foto: Cornelia Ranz*

Ein elementar wichtiger Teil der Körpersprache des Pferdes wird dabei von Verhaltensforschern unter dem Begriff Beschwichtigungssignale oder auf Englisch Appeasement Signals zusammengefasst. Die Begriffe Beschwichtigung oder Appeasement beschreiben diese Zeichen des Pferdes deshalb besonders gut, weil es dabei um die Besänftigung des Gegenübers geht. Einige Forscher sprechen von Calming Signals (nach Turid Rugaas, bei Hunden genauer erforscht) und stellen dabei auch den beruhigenden Effekt der ausgesendeten Signale auf das jeweilige Gegenüber heraus.

WANN ZEIGEN PFERDE BESCHWICHTIGUNGSSIGNALE?

Als Baustein der Pferdesprache werden Beschwichtigungssignale sehr häufig Artgenossen und ebenso Menschen gegenüber gezeigt. Immer dann, wenn das Pferd einen inneren Konflikt durchlebt, etwas erreichen möchte und gleichzeitig durch die Verhaltensweise eines anderen Tieres daran gehindert wird oder wenn es ein Stresserlebnis hat, wird es solche Signale zeigen. Zum einen ist es eine natürliche unbewusste körperliche Reaktion, die das innere Gleichgewicht wiederherstellen soll und mit der das Pferd sich selbst beruhigt, zum anderen, um dem Kommunikationspartner zu demonstrieren, dass man grundsätzlich nicht an einer direkten Auseinandersetzung oder gar einem Kampf interessiert ist und friedliche Absichten hegt. Darüber hinaus kann es ein rangbezogenes Verhalten sein, mit dem das eine Pferd die aktuell höhere Position des anderen bestätigt.

Foto: Cornelia Ranz

ander bereits Nuancen des Unwohlseins erkennen und rechtzeitig darauf reagieren können. Für uns Menschen findet ein Teil dieser subtilen Kommunikation nahezu unbemerkt statt, wenn man nicht gelernt hat, worauf man beim Verstehen der Pferdesprache zu achten hat.

In vielen Interaktionen werden mit Beschwichtigungssignalen aggressive Verhaltensweisen vermieden, Stress und Spannungen werden abgebaut. Je höher der innere Stresspegel des Pferdes ist, desto häufiger und stärker ausgeprägt werden Beschwichtigungssignale gezeigt.

Wir Pferdemenschen können diese Elemente darum gewissermaßen als Stimmungsbarometer ansehen.

DIE VIELZAHL DER MÖGLICHEN BESCHWICHTIGUNGSSIGNALE

Vermutlich sind noch gar nicht sämtliche als Beschwichtigungssignale eingesetzten Elemente der Pferdesprache benannt und erforscht, da es sehr viele auch individuell unterschiedliche Möglichkeiten für ein Pferd gibt, sich auszudrücken. Alle Deeskalationsgesten lernt das Pferd schon im Fohlenalter in der Kommunikation mit anderen in

Herdenzusammenführungen bedeuten Stress für die Tiere. Sie zeigen diverse Beschwichtigungssignale, besonders sichtbar durch das Leerkauen beim Jungpferd, dem Haflinger im Vordergrund.

einem funktionierenden, harmonischen Herdenverband. Jedes Pferd entwickelt im Laufe seines Lebens auch Vorlieben für die eine oder andere deeskalierende Verhaltensweise. Je nachdem, mit welchem Verhalten es wie oft Erfolg hatte, wird es dieses Verhalten insgesamt häufiger einsetzen. Beschwichtigungssignale werden also auch erlernt und sind durch Erfahrungen geprägt. Im Folgenden sollen die wichtigsten dieser Verhaltensweisen beschrieben werden.

FOHLENKAUEN UND LEERKAUEN

Schon früh kann man unter Fohlen und Jungpferden das wohl bekannteste Beschwichtigungssignal beobachten, das Fohlenkauen. Es wird auch Fohlenklappern oder „Mäulchenmachen“ genannt, weil es eine sehr auffällige, klappernde Bewegung mit dem Unterkiefer auf den Oberkiefer ist und das gesamte Pferdemaul dabei in Bewegung ist. Dazu zeigt das Fohlen meist eine charakteristische

Foto: Cornelia Ranz

Lecken und Kauen wurden viele Jahre in der Trainingsszene als positives Zeichen gewertet. *Foto: Christiane Slawik*

Körperhaltung, es macht sich gewissermaßen klein und steif, reckt den Hals mit starrem Blick nach oben und erinnert dabei ein wenig an ein Saugfohlen am Euter der Mutter. Gerade in Konfliktsituationen demonstrieren Jungpferde dadurch, dass sie unterlegen sind und ihr Gegenüber besänftigen wollen. Damit unterstreichen sie auch ihre kindliche Haltung und begütigen damit erwachsene Pferde in der Regel deutlich. Das Fohlenkauen wird in den ersten Lebensjahren immer seltener gezeigt. Ab drei oder vier Jahren zeigen die meisten Pferde es entweder gar nicht mehr oder aber nur in extrem stressigen, für sie schlecht einschätzbaren Situationen, wie bei einer aufregenden Herdenzusammenführung oder wenn Stuten einem Deckhengst zugeführt werden. Es entwickelt sich später zum Leerkauen der erwachsenen Pferde, welches zum einen Teil des Begrüßungsrituals unter Pferden ist, zum anderen auch ein stressminderndes Signal sein kann. Das Leerkauen ist eines der zentralen Calming Signals überhaupt. Wir können es sowohl in der Pferdegruppe untereinander vielfach am Tag beobachten als auch dem Menschen gegenüber. Wie der Begriff schon vermuten lässt, handelt es sich dabei um eine Kaubewegung, bei der das Pferdemaul eine mahlende Bewegung ohne Futterbeteiligung vollzieht. Oft ist diese Bewegung auch nur für wenige Sekunden angedeutet, man sieht quasi nur den Hauch einer Verschiebung des Unterkiefers oder gar nur eine Veränderung der Linie der Unterlippe und des Kinns. Zum Teil zeigt das Pferd auch seine Zähne dabei. Gerade Hengste untereinander zeigen zur Beschwichtigung ebenso wie zur Demonstration ihrer Position häufig die Zähne.

LECKEN UND SCHLECKEN

Meist geht mit dem Leerkauen ein schnelles Schlecken der Zunge über die Lippen einher. Dabei blitzt manchmal auch nur ein Teil der rosigen, feuchten Zunge des Pferdes zwischen den Lippen auf der dem Kommunikationspartner zugewandten Seite hervor. Es wurde angenommen, dass ein Pferd, welches deutlich leckt und kaut, über das Training nachdenkt und das Gelernte verarbeitet. Untersuchungen und Vergleiche haben in den letzten Jahren in der Forschung dazu geführt, die Bedeutung dieses Verhaltens neu zu überdenken. Aktuell wird davon ausgegangen, dass es nahezu immer entweder im Zusammenhang mit Futterlob, also einer positiven Erregungslage, zu beobachten ist oder aber in stressigen Situationen gezeigt wird. Das Pferd zeigt mit dem Lecken und Kauen, dass es innerlich erregt ist, und beruhigt sich selbst über diese Verhaltensweisen. Es wird also besonders immer dann gezeigt, wenn eine Situation zunächst stressig gewesen ist und der Stresslevel aus Sicht des Pferdes dann wieder abfällt. So gesehen ist es nicht nur positiv zu werten, wenn ein Pferd im Training viel schleckt und kaut, sondern eher ein Hinweis darauf, nach vorausgegangenen Stressmomenten zu forschen. Es ist eher eine Bewältigungsstrategie für Druck und Spannungen denn Anzeichen für Wohlbefinden im Training. Physiologisch betrachtet führt Stress zunächst zu einer Reduktion des Speichelflusses. Dieser setzt wieder vermehrt ein, wenn das Pferd sich beruhigt. Dadurch kommt es zu einem Lecken und Abschlucken des Speichels.

GÄHNEN

Ein häufig auftretendes, aber ebenso oft fehlinterpretiertes oder gar vollkommen übergangenes Beschwichtigungssignal des Pferdes ist das Gähnen. Natürlich gähnen Pferde auch aus Müdigkeit, darüber hinaus aber sehr häufig auch in angespannten Situationen oder Momenten der Überforderung. Gähnen ist somit eine wichtige Deeskalationsgeste, die darüber hinaus auch zahlreich im Alltag mit dem Menschen gezeigt wird. Beim Gähnen bewegt das Pferd den Unterkiefer mit geöffnetem Maul gegen den Oberkiefer und zeigt so sein Gebiss. Ist das Pferd tatsächlich müde, so hat es beim Gähnen meist die Augen geschlossen. Beim beschwichtigenden Gähnen kann es sowohl geschlossene Augen als auch einen starren Blick mit geöffneten Augen haben. Gerade wenn in scheinbar ruhigen Situationen ein mehrfaches Gähnen zu beobachten ist, kann es als

Gähnen wird von Pferden auch beim Reiten häufig als Beschwichtigungssignal eingesetzt. *Foto: Cornelia Ranz*

Hinweis gewertet werden, dass eben doch mehr Stress vorliegt als zunächst vermutet. Typische Beispiele sind Gähnen beim Auf- oder Abtrensen, beim Nachgurten oder am Ende der Reitstunde im Schritt. In all diesen Situationen führt das Gähnen ähnlich wie das Leerkauen zu einer Bewegung des Kiefers. Der Unterkiefer hat eine wichtige Schlüsselfunktion zur Lockerung der gesamten Muskulatur im Pferdekörper. Daher gähnt ein Pferd auch bei einer physiotherapeutischen Behandlung oder während einer Massage. Da auch Pferde mit Magenproblemen häufig gähnen, sollte dieses Beschwichtigungssignal immer ernst genommen und genau beobachtet werden, in welchen Situationen und wie oft und intensiv es gezeigt wird.

NIEDRIGE KOPFPOSITION

Das Niedrighalten des Kopfes bei eventuell leicht eingeknickten Vorderbeinen ist ein weiteres leicht zu übersehenes Beschwichtigungssignal. Ein in der Gruppe dauergestresstes Pferd, ein chronisch krankes oder depressives Pferd wird beispielsweise immer den Kopf deutlich niedriger tragen als ein entspanntes, vitales Tier. Zu beobachten ist das in sämtlichen Ruhephasen in der Herde oder auch beispielsweise am Putzplatz gegenüber dem Menschen. Viele Pferde empfinden das Putzen und Bürsten gar nicht als angenehm, sondern versuchen Berührungen mit der Bürste zu vermeiden. Wurde das in der Vergangenheit negativ geahndet, also etwa mit einem Klaps abgestellt, so besteht der innere Konflikt des Tieres weiter. Es zeigt sein Unbehagen nun über Calming Signals, besonders oft zunächst mit einem leicht tiefer gehaltenen Kopf. Es möchte damit die Situation positiv beeinflussen. Bemerkt der Mensch nun gar nicht, dass es dem Pferd nicht gefällt und es eben nicht gerne gebürstet wird, oder erhöht der Mensch noch den empfundenen Druck durch kürzeres Anbinden oder kräftigeres Aufdrücken, so wird es immer stärker beschwichtigen, bevor es irgendwann eventuell zu beißen oder zu treten beginnt. Ein Dilemma, welches wir oft genug eindrucksvoll von Schulpferden kennen, deren im Pferdeverhalten noch unwissende Schüler nicht ausreichend auf die Befindlichkeit des Pferdes eingehen. Als Faustregel kann man sich merken: Wer nicht bereits Beschwichtigungssignale erkennt und darauf eingeht, indem man das eigene Verhalten verändert, der provoziert echte Probleme mit Pferden und Abwehrreaktionen.

Introvertierte Pferde zeigen ihren inneren Stresspegel häufig durch die tiefe Kopfhaltung, schlaffe Muskulatur und zeitlupenartige Bewegungen. *Foto: Cornelia Ranz*

ABWENDEN VOM GEGENÜBER

Ein ganzer Komplex an unterschiedlichen Deeskalationsgesten ist das absichtliche Abwenden des Pferdes vom Gegenüber. Dabei kann sowohl nur der Blick anderswohin gerichtet werden, der Kopf abgewendet oder die gesamte Körperachse weg vom Kommunikationspartner gerichtet werden. Das Tier nimmt damit Druck aus der Situation, es geht ein Stück weit aus der direkten in die indirekte Kommunikationsphase. In vielen Situationen kommt es dabei nicht nur zu einem Abwenden einzelner Körperpartien, sondern zu einem „Wegbeamen" aus der aktuellen Situation. Das Pferd erscheint so passiv, dass es wirkt, als würde

Hier ist das Abwenden des Kopfes von der dargebotenen Hand sehr deutlich und mit weiteren Stressmerkmalen wie angespannter Kaumuskulatur, typischer Stressohrenstellung und zusammengezogener Nüster zu sehen.
Foto: Cornelia Ranz

es dem Moment anderswohin entfliehen können und nicht angemessen auf aktuelle Reize reagieren. Besonders introvertierte Pferde neigen bei Konflikten, unter Druck und bei Stress zum Erstarren. Sie bewegen sich zur Beschwichtigung des anderen wie in Zeitlupe und versuchen so die Aufmerksamkeit und den Unmut des Gegenübers nicht weiter auf sich zu lenken. Und genau dieses Einfrieren wird von vielen Trainern häufig übersehen und genau mit der falschen Maßnahme beantwortet. Oft werden erstarrende Pferde als „ruhig" oder „faul" interpretiert. Der Druck wird in der Folge nicht gesenkt, sondern im Gegenteil noch erhöht. Das Pferd wird angetrieben, geschlagen oder angeschrien, was die Situation nicht entspannt, sondern weiter verschärft. Auch hier gilt, dass viele Probleme mit Pferden wie scheinbar plötzliches oder unvorhersehbares Durchgehen oder Steigen aus der Missdeutung oder dem Nichterkennen der Beschwichtigungssignale entstehen. Beschwichtigende Pferde sind innerlich gestresst, sie brauchen Entspannung und keine Druckerhöhung.

AUFFÄLLIGES BLINZELN

Blinzelt ein Pferd wesentlich häufiger in schneller Frequenz oder aber auffallend selten, so kann auch dies ein Beschwichtigungsversuch des Tieres sein. Da Herdentiere wie Pferde körperliche Auseinandersetzungen und damit verbundene mögliche Verletzungen vermeiden wollen, sind Deeskalationsgesten zumeist sehr subtil. Das bewusst als Kommunikation eingesetzte Blinzeln gehört dabei zu den typischen Signalen der Körpersprache. Das Pferd senkt dabei das Oberlid mehr oder weniger schnell komplett über das Auge. Dadurch entsteht eine deutlich wahrnehmbare Bewegung der gesamten Augenpartie, auf die Pferde untereinander direkt reagieren. Das beschwichtigende Blinzeln kann daher in extrem vielen Situationen beobachtet werden, von einfachen Minikonflikten, wer wen von der Heuraufe vertreibt, bis hin zu Raumforderungen eines Tieres zum Wahren der Individualdistanz. Unterschiedliche Forschungen haben ergeben, dass gerade bei der Bodenarbeit und beim Reiten das Blinzeln auch als Anzeiger für Stimmungswechsel betrachtet werden kann. Daher ist es gut, ein Gefühl dafür zu entwickeln, wie oft und wie schnell hintereinander das eigene Pferd in Ruhe und entspannt für gewöhnlich blinzelt. Gemessen daran kann man die Veränderung dieser Verhaltensweise dann mit dem eigenen Training abgleichen. Oftmals korreliert die Veränderung in Art oder Häufigkeit des Blinzelns mit dem empfundenen Stress und dem beteiligten Druck in einer Situation.

AUFSTELLEN DES HINTERBEINS

Ein aufgestelltes Hinterbein wird von den meisten Reitern als Zeichen der Entspannung gewertet. Leider ist dem nicht so, denn das sogenannte Schildern ist auch ein Merkmal des stressbedingten Verhaltens und wird vom Pferd damit als Beschwichtigungssignal eingesetzt. Gerade wenn das Pferd in scheinbar „unpassenden" Situationen einen Hinterhuf abstellt, kann davon ausgegangen werden, dass es damit seinen inneren Gemütszustand nach außen tragen möchte. Ein häufiges Beispiel ist auf jedem Turnierplatz beim Verladen

Auch wenn das Pferd regungslos beim Einsprühen verharrt, kann es sein, dass es wie hier über Signale wie das Aufstellen des Hinterbeins oder das Blinzeln beschwichtigt und damit Stress anzeigt.
Foto: Cornelia Ranz

Gerade wenn Pferde nicht so funktionieren wie gewohnt, langsamer als gewöhnlich folgen und den Kopf auch im Schritt gesenkt halten, sollte an Beschwichtigungssignale und möglichen Stress gedacht werden. *Foto: Cornelia Ranz*

auf den Pferdeanhänger zu beobachten. Unter Druck und Zwang versuchen viele Menschen, das Pferd auf den Hänger zu bugsieren, und erhöhen den Druck bei Nichtgelingen oft immens. Viele Pferde beamen sich irgendwann aus dieser negativ empfundenen Situation hinaus und werden immer passiver. Zum Teil stehen sie dabei erstarrt mit aufgestelltem Hinterbein auf oder vor der Rampe. In dieser Situation lassen sie selbst heftige Schläge zunächst an sich abprallen und blenden die Situation komplett aus. Viele ReiterInnen gehen nun von Totalverweigerung und Ungehorsam aus und sehen den beteiligten Stress des Tieres nicht. Erhöht man den Druck nun immer mehr, so kann es irgendwann wieder zu einer scheinbar plötzlichen Überreaktion des Pferdes und gefährlichen Situationen am und im Pferdeanhänger kommen.

PFERDEVERHALTEN VERSTEHEN

Wer Pferde wirklich verstehen möchte, der kommt nicht umhin, noch genauer hinzuschauen. Schon winzige, für uns kaum wahrnehmbare Veränderungen im Ausdrucksverhalten haben aus Sicht des Pferdes eine Bedeutung. Pferde können minimale Bewegungen von unter einem Millimeter Ausschlag als Veränderung der Situation wahrnehmen. Sie reagieren buchstäblich auf ein Augenzwinkern oder eine nur gering abweichende Position des anderen. Umso wichtiger ist es, die Zeichen lesen zu lernen, um die Botschaften des Pferdes zu registrieren, rechtzeitig reagieren und die Situation positiv beeinflussen zu können.

Marlitt Wendt ist Verhaltensbiologin und vermittelt faszinierende Einblicke in die Pferdeethologie, ist Autorin mehrerer Fachbücher. Ihre Themenschwerpunkte umfassen das komplexe Sozialleben der Pferde und ihre ausgeprägte Lernfähigkeit ebenso wie die Kommunikationsmöglichkeiten zwischen Mensch und Pferd.
www.rplus.click

Pferde über **Sinne** motivieren

*Paddockgespräch mit **Elsa Sinclair***

von Daniela Bolze

Foto: Anja Nothdurft

Elsa Sinclairs Arbeit mit Pferden dürfte die langsamste sein, die derzeit bekannt ist. Mit ihrem „Freedom Based Training“ (FBT) – übersetzt „Auf Freiheit basierendes Training“ – versucht sie, ohne jedwedes Zubehör, seien es Halfter, Stricke, Gerten oder auch Futterlob, Pferde zu trainieren. Dass es funktioniert, zeigte sie erfolgreich in ihrem ersten Film „Taming Wild“, in dem sie eine wilde Mustangstute nach siebenmonatigem FBT-Training reiten konnte. Doch mit neuen Erkenntnissen geht Elsa auf die Sinne der Pferde im Training ein. Im Paddockgespräch erklärt Elsa, wie sie ihre Erfahrungen in den letzten Jahren erweitert hat.

Schon der Begriff Training ist missverständlich, laut Elsas Meinung. Denn ihr geht es nicht darum, dem Pferd etwas beizubringen oder abzugewöhnen, sondern durch spezielle Techniken und Verhaltensweisen das tiefe Vertrauen des Pferdes zu gewinnen. „Normale Trainer, zu denen ich noch vor gar nicht langer Zeit selbst gehörte“, erzählt die 43-jährige Amerikanerin, „bringen das Pferd in ihrem Training an einen Punkt, der das Tier überwältigt, erstarren, fliehen oder sogar kämpfen lässt, um dann genau an diesem Problem zu arbeiten – also an einem, das das Pferd ohne die Intervention des Menschen gar nicht gehabt hätte.“
So lässt sich gut Geld verdienen und viele Pferde kommen mit dieser Art Konditionierung auch sehr gut klar. Doch Elsa geht es um mehr: „Ich möchte eine Kultur rund um die Pferde und die Menschen, die mit ihnen arbeiten, kreieren, in der Zeit eine andere Rolle spielt, in der wir den Pferden erlauben, sie selbst zu sein. Wir sollten ihnen das Gefühl geben, so wie sie sind, sind sie gut und auf dieser tollen Basis können wir noch viel mehr tolle Gefühle und Gemütszustände aufbauen. Doch wir haben immer Angst, nicht genügend Zeit zu haben, schnell Erfolge sehen zu müssen. Und so wollen wir zu viel zu schnell.“ Und das nicht nur in der Pferdewelt.

Oft kommt dieser Druck auch von außen, zum Beispiel den Stallkollegen oder Trainern. Etwas, das bei den Seminaren von Elsa Sinclair so ganz anders ist. Fast scheint es wie eine Art Klassentreffen, bei dem man die Gesichter kennt, aber nicht mehr alle Namen. Es schwingt bei allen eine Ruhe, Konzentration und der Wille mit, durch Beobachten zu lernen. Das verbindet und ein ganz tiefes Miteinander entsteht. Viele kommen auch gerade wegen dieser jungen, vierjährigen Gemeinschaft immer wieder zu den Seminaren, in denen es vordergründig gar nicht um so viel Neues geht – selbst die Zeichnungen auf dem Flipchart sind dieselben alten. Und doch vertieft sich erst beim zweiten oder dritten Mal, was man vorher vielleicht verstanden, aber nicht gefühlt hat. Es gab unter den Teilnehmern so viele neue Aha-Erlebnisse bei alten Lerninhalten, dass man am eigenen Leib erfahren konnte, dass Elsa da einen Prozess erschaffen hat, einen Prozess, der sich mit jedem neuen Pferd, mit jedem neuen Menschen weiterentwickelt und neue Facetten bekommt. Diese Freude an dem Neuen ist es auch, die man der Amerikanerin jede einzelne Minute anmerkt. Wo der Zuschauer nach sechs Stunden Beobachten und Sitzen anfängt zu schwächeln, läuft sie Runde um Runde begeistert weiter, kommentiert jede Fokusveränderung, jedes Verhalten, beantwortet jede Frage und strahlt dabei eine tiefe Freude aus. Das färbt ab.

Eine angenehme Position finden

Kurz zusammengefasst geht es bei FBT darum, durch bestimmte Positionen zum Pferd diejenige herauszufinden, in der sich das Pferd mit uns am wohlsten fühlt. Elsa hat in ihrer über 35-jährigen Zeit mit Pferden sehr viele Beobachtungen gemacht, die jetzt in diese Arbeit einfließen. Sie bewegt sich in unterschiedlichen Abständen um das frei laufende, stehende oder grasende Pferd so lange in meist ruhigem Tempo, bis das Pferd eine Fokusveränderung zeigt, sei es durch das Ohrenspiel, Kopf-Hals-Bewegungen oder Schritte.

Noch ist sich der kleine Wallach nicht sicher, wie er auf das flatternde Tuch reagieren soll, und ist im Denk-/Fühlprozess. *Foto: Anja Nothdurft*

Für Fortgeschrittene reicht schon ein Augenzwinkern, Atmen oder Maulzucken als Fokusveränderung. Dann bleibt sie stehen, atmet tief durch und versucht zu ergründen, wie sich das Pferd und auch sie selbst in dieser Position fühlen – gut, in Harmonie oder schlecht? Gibt es eine erneute Fokusänderung, bewegt sie sich weiter und sucht einen neuen Ort auf. Auf die Frage, woher ich weiß, welche Position gut ist, gibt es die Standardantwort: „Höre auf dein Pferd. Wenn etwas nicht funktioniert, dann ändere es. Entweder es wird besser oder es wird schlechter" – Sätze, die die Seminarteilnehmer am Ende der vier Tage im Chor mitsprechen können.

Das alles hört sich verwirrend an und ist es auf den ersten Blick auch – und doch funktioniert es. Die Pferde verändern sich im Laufe dieser Arbeit, sie werden ruhiger oder interessierter, je nachdem, in welchem Zustand sie vorher waren. Bevor es an die Arbeit mit den Pferden geht, erläutert Elsa ihre Arbeit immer wieder mit großer Geduld in der Theorie – von den Stimmungswechseln, die ein Pferd durchlaufen kann: vom Spiel zum Kampf, vom Ertragen zur Flucht, von Neugierde zum Erstarren, und welche Möglichkeiten ich als Mensch habe, darauf zu reagieren: passiv, unterstützend, beharrend, insistierend oder dominant. In diesem Prozess durchlaufen die Pferde meist eine

Gefühlsreise von Intoleranz zu Toleranz, Akzeptanz und im besten Fall zum freudvollen Mitmachen.

Mit Fokusveränderungen arbeiten

Doch wie sieht das in der Praxis aus? Die aktiven Teilnehmer arbeiten im Anschluss mit mehreren Personen gleichzeitig in einem großen Paddock innerhalb einer frei laufenden Herde, die von Svea Kreinberg, der Inhaberin des Goting Cliffs bei Uelzen, dem gastfreundlichen Seminarort, zur Verfügung gestellt wurde. Dabei wechselt man sich mit den einzelnen Pferden immer ab. Von außen ist es manchmal schwer, nachzuvollziehen, wer gerade mit welchem Pferd „arbeitet", denn oft ist die Distanz zu dem Tier sehr groß (mehr als 20 Meter), manchmal sind die Fokusveränderungen sehr klein. Aber manchmal entstehen auch gemeinsame Wanderungen und Interaktionen. Es ist halt eine sehr langsame und sehr leise Art, mit Pferden zu „arbeiten", die dann am Nachmittag etwas Fahrt aufnimmt, wenn die Teilnehmer einzeln entweder mit ihren eigenen Pferden oder einem Leihpferd im Areal sind. Entweder ist das ganze Umfeld für die zugereisten Pferde fremd oder den dort ansässigen Tieren fehlt die sichernde Herde. Jetzt kann man durch viele Bewegungen, das Eingehen auf Fokusveränderungen und das Spiegeln oftmals sehr viel deutlicher zeigen, wie viel Einfluss diese scheinbar sinnlosen Stellungswechsel und Wanderungen auf die Tiere haben.

Sanft Harmonie herstellen

Elsa Sinclair bietet ihrer weltweiten Fangemeinde über Facebook immer wieder viele lehrreiche Filme und Gespräche an, in denen es um die Entwicklung ihrer Arbeit geht. Sie berichtet nicht nur über die Arbeit mit ihren beiden Hengsten Atlas (ein misshandeltes Rodeopferd) und Ari (ein wilder Mustang), die beide für ihr drittes Filmprojekt als Protagonisten dienen und die sie mit FBT zu zähmen und bestenfalls zu Reitpferden zu machen versucht. Sie stellt auch die neuen Facetten ihrer bekannten Arbeit, vor. So hat sich aus der Konzentration auf die verschiedenen Fokusebenen, die ein Pferd einnehmen kann (in sich selbst hineinhören, die Herde, die Umwelt, den Anführer oder Lernen), die Beobachtung entwickelt, welch große Rolle die einzelnen Sinne Sehen, Hören, Riechen, Schmecken, Berühren für das Pferd dabei spielen. „Meine Arbeit hat zum Ziel, dass sich die Pferde nicht nur mit mir, sondern vor allem auch mit sich selbst wohler fühlen sollen. Sie sollen in sich wachsen, sich ganzheitlicher und damit stärker fühlen", erklärt Elsa Sinclair immer wieder.

Die heutigen Haltungsbedingungen sind in vielerlei Hinsicht oft eher katastrophal, was die Abschaltung oder auch Überreizung der Sinne angeht. Jedes Tier hat sehr unterschiedliche Ausprägungen seiner Sinne. Welcher am präsentesten ist oder welchen das Pferd mit negativen Empfindungen verbindet, muss man erst sehr genau in der Basisarbeit von FBT herausfinden. „Dafür braucht es schon eine gute Blickschulung und diese gehört nicht an den Anfang dieser Arbeit", erklärt Elsa. „Viele Pferde erstarren, wenn ein Sinn sie überwältigt. Ich muss in meiner Arbeit versuchen, unter dem Fluchtpunkt zu bleiben, da die Pferde bei mir ja grundsätzlich frei sind und sich jederzeit entscheiden können, zu gehen. Stelle ich bereits eine leichte Erstarrung fest, arbeite ich so sanft und so differenziert von den Abständen her, dass das Pferd beginnt, sich wohlzufühlen, Harmonie mit mir herzustellen, und bereit ist, sich aktiv mit dem Reiz auseinanderzusetzen – alles frei." Wobei sie die Arbeit mit den Sinnesreizen sowohl bei angespannten, aber auch bei in sich gekehrten, erstarrten Pferden anwendet.

„Im besten Fall kann ich es in einen Wohlfühlsinn umwandeln."

Elsa Sinclair arbeitet mit verschiedenen Gegenständen des Alltags, um das Pferd in seinen Sinnen zu stärken. *Foto: Anja Nothdurft*

Nicht jedes Pferd lässt sich gerne überall anfassen. Umso wichtiger ist es, den persönlichen Wohlfühlmoment herauszufinden. *Foto: Anja Nothdurft*

Dabei umkreist sie das entsprechende Pferd in ihrer üblichen Art, versucht die größtmögliche Harmonie, den „best place to be" zu finden, und beginnt dann sehr vorsichtig, den entsprechenden Sinn zu triggern – entweder indem sie sanft mit einem Tuch wedelt, einen Geruch Richtung Nase führt, eine mit Steinen gefüllte leere Plastikflasche langsam auf und ab bewegt oder indem sie Berührungen herstellt, immer darauf bedacht, aufzuhören, bevor das Pferd sich entzieht – sei es in die Flucht oder in die Erstarrung. Das ist ein sehr schmaler Grat, der viel Erfahrung braucht. Der Lohn der Arbeit ist ein Pferd, das mehr in sich ruht, selbstbewusster mit den Umweltreizen umgeht, aber auch selbstbewusster in seiner Herde auftreten kann. Das Leben wird für dieses Pferd ein Stück besser gemacht – auch wenn darüber mitunter viel Zeit ins Land geht.

Wie wirkt welcher Sinnesreiz bei welchem Pferd?

Doch was habe ich als normaler Pferdebesitzer von FBT, der sein Pferd durchaus aufhalftert, es reiten möchte oder sogar als Schulpferd einsetzen muss? Der nicht nur mit völlig frei laufenden Tieren arbeiten kann? Aus eigener Erfahrung kann ich sagen, dass selbst wenige FBT-Einheiten auf dem Paddock, der Weide oder frei auf dem Platz ausreichen, um das Verhältnis zum Pferd zu verändern, es auf eine andere, vertrauensvollere Ebene zu heben, und wenn es nur die ist, genauer beobachten zu lernen. In den meisten Fällen passiert sehr viel mehr. Und ich denke, dass Elsa mit ihrem Wunsch, eine neue Kultur im Umgang mit den Pferden zu kreieren, auf einem sehr guten Weg ist und dabei viele Pferde und Menschen mitnimmt – weltweit und mit einem glücklichen Lächeln.

→ *Sehen:*

Pferde, die einen guten Kontakt zu ihrem Sehsinn haben, atmen tief, wenn sie Dinge beobachten. Sie zeigen dabei sehr aktive und schnelle Kopf-Hals-Bewegungen oder wenden den Kopf hin und her. Pferde, für die der Sehsinn eher negativ verknüpft ist, erstarren in ihrer Bewegung, sie sind hochexplosiv und äußerst angespannt.

<u>Mit diesen Gegenständen kann man an dem Sinn arbeiten:</u> Schals, Planen, Regenschirmen - alles, was dem Pferd im Alltag begegnet.

→ Schmecken:

Ist der Geschmackssinn sehr gut ausgeprägt, fressen diese Pferde sehr gern und genussvoll. Sie können auch schnell zubeißen, um dann sofort wieder etwas anderes zu tun. Sie sind sehr auf Futter fixiert und oft eher übergewichtig. Pferde, die Probleme mit dem Geschmackssinn haben, sind schwerfuttrig, abgemagert. Sie fressen, wenn sie Stress haben, und nicht aus Genuss. Es gilt, das richtige Maß zu finden.

Mit diesen Gegenständen kann man an dem Sinn arbeiten: Das ist lustigerweise das schwierigste Thema, da es leicht zum Futterlob werden kann. Hier arbeitet Elsa damit, das Pferd grasen/fressen zu lassen, statt es aktiv zu füttern.

→ Riechen:

Pferde, die sich gut mit ihrem Geruchssinn fühlen, empfinden neue Gerüche als große Unterhaltungsshow und sind sehr neugierig. Sie versuchen, alles ab- und anzuschnuppern. Geruchsempfindliche Pferde werden zum Beispiel aus heiterem Himmel innerhalb der Herde aggressiv. Wenn man dann genau „hinriecht", brennt es irgendwo, es wurde Gülle ausgefahren oder Ähnliches. Solche Pferde reagieren sehr empfindlich auf Fliegensprays oder den Brandgeruch beim Schmied.

Mit diesen Gegenständen kann man an dem Sinn arbeiten: Dafür eignen sich wieder die Dinge, mit denen das Pferd im Alltag konfrontiert ist: Fliegenspray, gern auch Essig, Fellspray.

→ Hören:

Diesem Sinn positiv gegenüber eingestellte Pferde bewegen ihre Ohren viel, sind neugierig und versuchen, mit ihrem ganzen Körper herauszufinden, woher das Geräusch kommt, ohne dabei verspannt zu sein. Empfindliche Tiere scheinen überwältigt von den Geräuschen und erstarren, bevor sie dann sehr oft explosiv flüchten oder sogar angreifen.

Mit diesen Gegenständen kann man an dem Sinn arbeiten: Dafür nimmt Elsa gern eine leere Plastikflasche, die sie mit Steinen füllt und dann langsam auf und ab schwenkt, aber es funktionieren natürlich auch das Geräusch einer Sprühflasche oder das Klimpern von Schlüsseln.

→ Berührung:

Damit haben sehr viele Pferde Probleme, was sie uns auch zeigen, worüber aber viele nicht nachdenken. Pferde, die Probleme mit Berührung haben, lassen sich nicht gern putzen, zappeln rum, weichen immer wieder aus. Sie mögen bestimmte Bürsten nicht. Sie lassen sich auch nicht gern anfassen. Pferde, die diesen Sinn mögen, genießen es, geputzt, berührt, massiert und gestreichelt zu werden.

Mit diesen Gegenständen kann man an dem Sinn arbeiten: Am einfachsten geht es mit der eigenen Hand an verschiedenen Stellen des Pferdekörpers und in unterschiedlicher Intensität und später natürlich auch mit Putzutensilien und Ähnlichem.

Daniela Bolze ist dem seit über 45 Jahren verfallen – anfangs nur als Reiterin, in weiterer Folge als Journalistin und Buchautorin. Über 20 Jahre lang hat sie eine erfolgreiche Reitschule der etwas anderen Art für Kinder und Jugendliche geführt, in der es neben dem gefühlvollen Reiten vor allem auch um den Umgang mit dem Pferd und das Lernen der Pferdesprache ging.
www.ponyschule.info

Hufe nehmen oder geben

im Sinne einer pferdegerechten Kommunikation

von Adrian Heinen

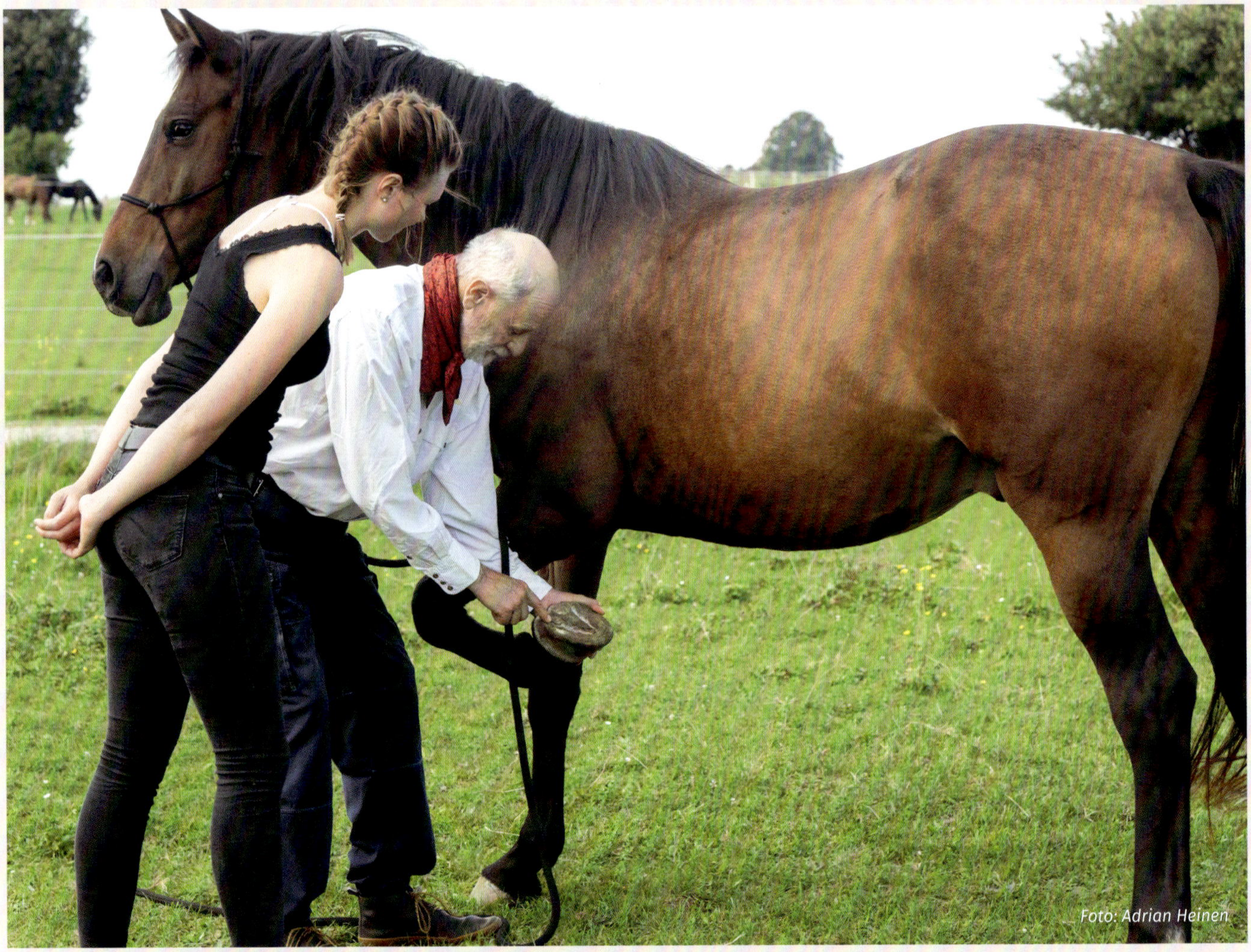

Foto: Adrian Heinen

Kennst du das auch? Dein Pferd gibt die Hufe nur zögerlich oder ungern, scharrt mit den Hufen oder lässt sich gar fallen? Unruhe und Rumgezappel, aus welchen Gründen auch immer, sind zeitraubend, frustrierend und gefährlich. Oft ist eine mangelnde oder zu hastige Erziehung des Pferdes der Grund. Gerade das Hufeheben sagt auch etwas über den Charakter des Pferdes aus. Dazu müssen wir uns zunächst einmal die Bedeutung von Vorder- und Hinterhufen aus Sicht des Pferdes anschauen.

Das Wichtigste für das Pferd ist Sicherheit. Die Beine des Pferdes ermöglichen dem Pferd, zu jederzeit dort zu sein, wo es sich sicher fühlt. Die Beine sind für das Pferd überlebenswichtig – ohne seine Beine kann das Beutetier Pferd nicht flüchten und sich nicht vor – aus seiner Perspektive sehr realer, aus unserer Perspektive oft vermeintlicher – Gefahr retten.

Wenn ein Pferd uns die Kontrolle über seine Beine gibt, gibt es damit seine Freiheit, sein Leben. Es ist also ein großer Vertrauensbeweis, wenn ein Pferd seine Hufe gibt. Vertrauen kann man nicht erzwingen. Das Pferd zeigt uns seine mentale und emotionale Einstellung und damit auch sein Vertrauen in uns mit seinen Beinen und Hufen.

Grundsätzlich kann man sagen, dass wir, bevor wir uns überhaupt an das so wichtige Element „Beine" wagen, klären sollten, ob wir es mit einem gezähmten Pferd zu tun haben. Ist das Pferd nicht zahm, ist der Versuch, die Hufe zu nehmen und zu halten, bisweilen lebensgefährlich, wie man oft beobachten kann. Doch wann ist ein Pferd tatsächlich gezähmt und zahm? Ein Pferd ist dann gezähmt, wenn ich es überall am Körper kurz oder auch länger berühren kann, ohne dass es sich bedroht fühlt oder widerwillig zeigt.

Vertrauen durch freie Entscheidung

„Nehmen" und „Geben" sind zwei sehr unterschiedliche Angelegenheiten. Durch den Gedanken, uns die Hufe zu nehmen, lösen wir beim Pferd automatisch den Willen zur Flucht aus – auch wenn diese dann nicht immer ausgeführt wird. Wenn ich die Hufe nehme, nehme ich dem Pferd etwas weg. Das ist im Grunde erzwungen und Gewalt. Wenn ich das Pferd die Hufe geben lasse, kann es eine Entscheidung treffen.

Bei einer Flucht wird das Pferd als Erstes seine Vorhand von uns abwenden und uns seine Hinterhand zuwenden. Ein flüchtiges, tendenziell ängstliches Pferd hat eine „leichtere" Vorderhand, es fällt ihm leichter, seine Vorderhand zu heben und zu bewegen. Umgekehrt ist die Vorderhand bei einem eher selbstbewussten/souveränen (auch wenn in der Pferdewelt ein zu Recht umstrittener Begriff: „dominanten") und weniger ängstlichen Pferd tendenziell „schwerer". Die Hinterhand dient als Motor und ermöglicht vor allem eine schnelle Flucht. Deswegen lässt sich bei einem eher selbstbewussten, mutigen Pferd die Vorderhand tendenziell schlechter bewegen, während es bei einem eher ängstlichen Pferd tendenziell schwieriger ist, die Hinterhand zu verschieben. Was hat das nun damit zu tun, dass das Pferd beim Hufegeben zappelt? Wer sein Pferd aufmerksam beobachtet, wird feststellen, dass es entweder die Vorderhufe oder die Hinterhufe leichter gibt – sehr selten ist der gezeigte Unwillen gleich stark deutlich. Das hängt damit zusammen, dass wir dem Pferd entweder etwas von seiner Willensstärke/Souveränität/Autonomie („Dominanz") oder von seiner Fähigkeit, schnell flüchten zu können, nehmen.

Um die Situation zu verbessern, benötigt es Verständnis, Vertrauen und klare Kommunikation. Exakte und klare Kommunikation verhindert Missverständnisse und damit Angst und Unsicherheit. Dadurch ist es dem Pferd möglich, die Aufgabe willig auszuführen.

> ***„These poor prey animals perceive us people as predators and not partners."***
>
> *Pat Parelli*

Zappelt das Pferd, wenn man am Bein hinunterstreicht, hängt es mit dem Fluchtinstinkt zusammen, da das Pferd nicht wissen kann, dass der Mensch nichts Böses vorhat. *Foto: Christiane Slawik*

Was versteht das Pferd bei Berührung?

Oft zu beobachtende und immer wieder zu Missverständnissen führende Handlungen: Das oft gesehene „Am-Bein-Runterstreichen" als Zeichen für das Pferd, das Bein anzuheben, führt zu Unruhe. Das Pferd bewegt das Bein bei Berührung zunächst einmal, weil es fremde Berührung scheut. Es wird sich infolge seines gelernten Verhaltens immer bewegen, wenn es berührt wird. Das Pferd hebt dann vermeintlich folgsam das Bein, tut dies aber aus einem Fluchtinstinkt. Es kann dann sein Bein nicht ruhig hinhalten, da es mental und emotional immer noch auf Flucht eingestellt ist.

Versucht man nun, weil beispielsweise eine Verletzung es erfordert, einem solchen Pferden einen Verband ans Bein zu legen, weicht es der Berührung aus. Für viele ist das ein Zeichen von Ungehorsam – dabei handelt es sich lediglich um ein durch Unverständnis verursachtes Ereignis. Gelingt es dem Pferd nun, in dieser Situation sein Bein aus der Hand des Halters zu reißen, hat es damit in seiner Denkweise erfolgreich sein Leben gerettet. Wenn ein Fluchttier sich fürchtet, fürchtet es immer um sein Leben. Was passiert nun als Nächstes? Der Halter versucht, das Bein schnell wieder hochzuheben, und macht dadurch die Situation noch schlimmer, weil das Pferd nun denkt, es werde eingefangen.

Der Mensch denkt: „Schnell festhalten." Das Pferd denkt: „Ich werde gefressen." Denn Gefangenwerden bedeutet für das Pferd immer auch, um sein Leben zu fürchten. Im genetische Code eines Fluchttieres verankert ist die Furcht, gefressen zu werden. Wiederholt man solche Handlungen, weiß das Pferd, was passiert, bevor das passiert, was passiert. Dem Pferd wurde erfolgreich unerwünschtes Verhalten antrainiert.

Ist es dem Halter nun gelungen, das Bein trotz andauerndem Widerstand des Pferdes erfolgreich fest- und hochzuhalten, wird die Handlung oft mit einem „Fallenlassen" des Beines beendet. Dies führt meist dazu, dass das Pferd denkt, es hätte das Bein erfolgreich weggerissen. Daraus ergibt sich später oft die Gewohnheit, das Bein wirklich wegzureißen.

Jede ungenaue Kommunikation führt zu Missverständnissen, Unsicherheit und damit zu Unruhe und Angst. Vertrauen wird nicht gestärkt, sondern verhindert – und das zeigt sich in unterschiedlichsten anderen Situationen (im Hänger verladen, in ungewohnter Umgebung, im Gelände und so weiter).

Jeder, dem die Beziehung zu seinem Pferd wichtig ist, wird erkennen, dass es sinnvoll ist, diese oben genannten Situationen zu verhindern oder zu verbessern, keinesfalls aber als „Das war schon immer so" zu tolerieren. Wie verhindern wir, dass die Situation überhaupt entsteht?

Freiwillig Fuß geben mit Signal

„Lass dir den Fuß geben, der bereit ist!"
Ronnie Willis

„Strategie #2: Halte ihn nur kurz und setz ihn sofort wieder hin!"
Autor unbekannt

Oft hat sich gezeigt, dass Jungtiere bei Einhaltung dieser Ratschläge schneller die Füße geben als ausgewachsene Pferde. Diese Prämisse ist wohl das Wichtigste. Man erziehe und übe erwünschtes Verhalten, bevor man es benötigt.

Erster Schritt – Vorbereitung

Pferde meiden fremde und unerwartete Berührung zunächst einmal instinktiv. Also entledigen wir uns „fremder und unerwarteter" Berührung, indem wir unser Pferd so oft und überall berühren, dass Berührung überall als freundschaftlich und wohltuend empfunden wird. Dann steht das Pferd auch still. Alle vier Beine bis zu den Hufen massieren zu können ist ein gutes, erklärtes Ziel. Um ein wirklich gutes Ergebnis zu erzielen, sollte mit dem zweiten Schritt erst begonnen werden, wenn der erste gut sitzt.

Zweiter Schritt – Fuß geben statt wegnehmen

Sich den Fuß geben zu lassen, anstatt ihn dem Pferd wegzunehmen, dazu benötige ich ein Signal, das möglichst nicht verwechselbar ist. Die Kastanien an den Vorderbeinen sind dazu gut geeignet, da sie kaum jemand für etwas gebraucht oder berührt.

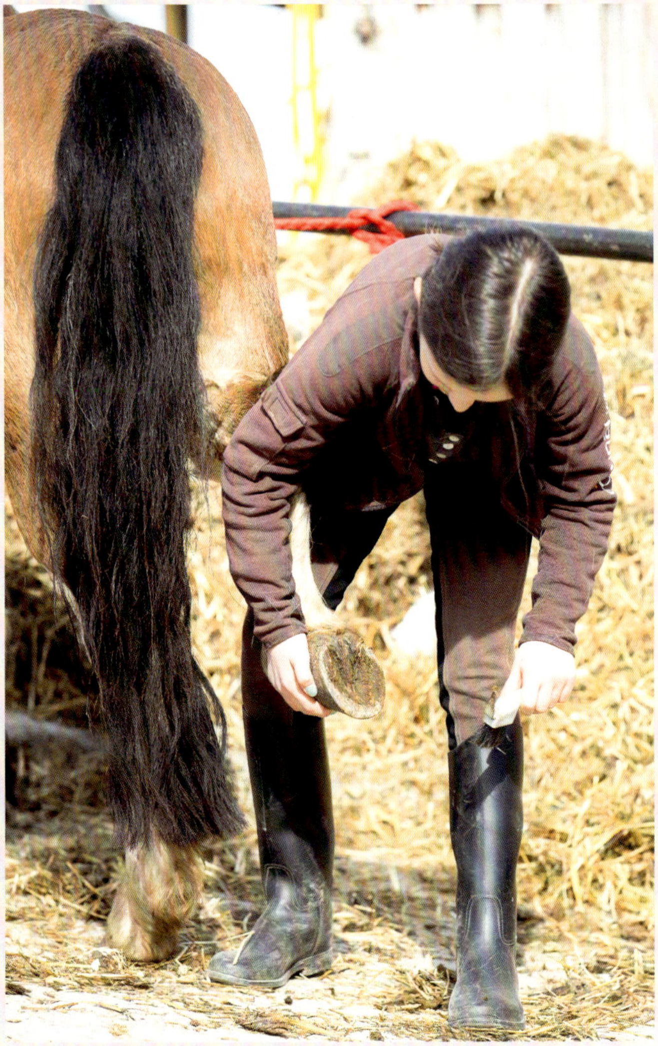

Für das Pferd bedeutet es einen großen Unterschied, ob es seinen Huf gibt oder ob der Mensch den Huf hebt. *Foto: Christiane Slawik*

Ein sanftes Klemmen dieser Hautteile führt dazu, dass das Pferd das Bein hebt. Es hebt das Vorderbein meist senkrecht hoch und setzt es wieder an dieselbe Stelle ab (Fliege an der Brust). Klemmt man zu stark, rennt das Pferd davon. Klemmt man zu wenig, spürt das Pferd nichts. Irgendwo dazwischen ist es richtig. Hebt das Pferd das Bein nur wenig und/oder setzt es den Huf gleich wieder ab, solltest du das Bein nicht gleich wieder nehmen. Versucht man, durch schnelles Fassen das Bein zu halten, wird das Pferd auf Flucht schalten.

In den meisten Fällen hebt das Pferd beim zweiten oder dritten Mal das Bein genügend hoch und hält es dort auch länger, sodass man das Bein langsam fassen kann. Hält das Pferd das Bein ruhig und duldet das Halten, sollte das Bein durch den Halter sofort wieder sanft abgesetzt werden. Wichtig: Nicht fallen lassen! Auch nicht kurz vor dem Boden wegnehmen lassen. Man stelle es an die Stelle, an der es sich vorher befunden hat. Nach häufigerem Üben kann das Bein länger hochgehalten werden. An den Hinterbeinen ist der Fersenhöcker die Stelle, die man nutzen kann, um durch Klemmen der Haut ein Signal zum Heben des Beines zu installieren. Erst wenn das Bein ruhig ist und sich halten lässt, kann man es an die Stelle führen, an der es gebraucht wird.

Hat man nun auch das Hinterbein zur Verfügung, beendet man die Handlung wie am Vorderbein. Man stelle das Bein wieder nach vorne unter den Bauch. Geht nun dies ohne Unruhe und Verwirrung vonstatten, kann man versuchen, das Bein in verschiedene Positionen zu nehmen und daran zu arbeiten, es an die Stelle führen, an der es gebraucht wird. Dabei sollte man die Geduld des Pferdes nicht zu lange auf die Probe stellen! Lieber zu kurz halten als zu lange.

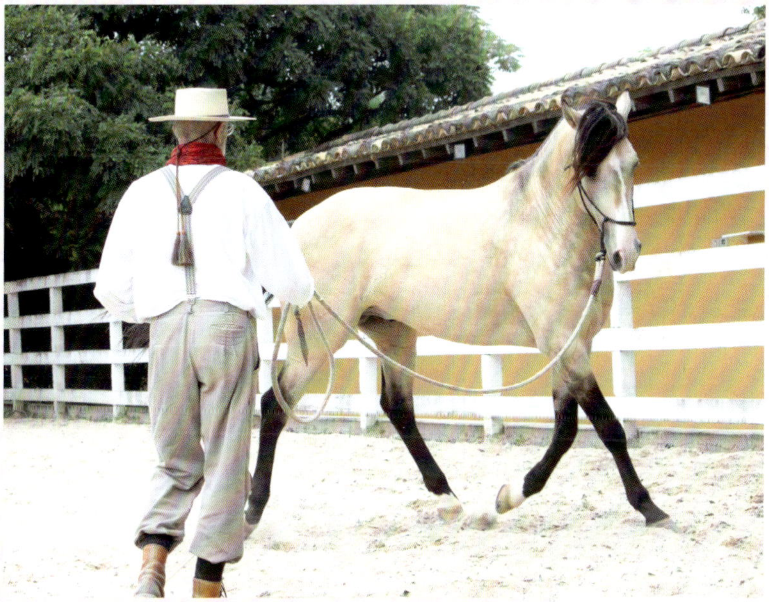

Begegnet man Pferden, egal ob ängstlich oder respektlos, mit Motivation und Genauigkeit, machen sie oft aufmerksam mit. *Foto: Adrian Heinen*

Hat man die Beine massieren können, ist das Anlegen beispielsweise eines Verbandes kaum mehr schwierig. Im Ausnahmefall streichle man das Bein mit der Bandage, bis das Pferd ruhig steht, und die Ausführung ist einfach möglich. Es ist wichtig, das Abstellen des Beines beziehungsweise des Hufes so lange mit Hilfe zu üben, bis der Huf sich mit Leichtigkeit in alle Richtungen und sanft – ohne Widerstand vom Pferd – abstellen lässt. Dies wird es uns auch später beim Reiten erleichtern, die Füße des Pferdes zu positionieren.

So wird Vertrauen aufgebaut und der natürliche Fluchtinstinkt des Pferdes in dieser speziellen Situation nicht weiter verstärkt. Ihr werdet erstaunt sein, auf wie viele andere, scheinbar unzusammenhängende Situationen diese Verfeinerung der Kommunikation im Alltag sich positiv auswirkt.

Missverstandene Pferde motivieren

Wie verbessere ich die Situation bei Pferden, bei denen dieses unerwünschte Verhalten schon deutlich ausgeprägt ist? Bei solchen Pferden braucht es besondere Vorbereitung und exakte Ausführung. Je häufiger ein Pferd eine bestimmte Erfahrung gemacht hat, umso stärker ist das Verhalten eingeprägt. Pferde haben die Fähigkeit, unsere Körpersprache zu lesen. Dabei ist es offenbar egal, was wir dabei denken. Das Pferd interpretiert nach seiner Gedankenwelt und Bedürfnissen. Dementsprechend können wir das Pferd durch unser Verhalten Schritt für Schritt von unseren – neuen – Ideen überzeugen.

Adrian Heinen ist Tierarzt GST und Equine Dentist. Er beschäftigt sich seit über 25 Jahren mit Parelli Natural Horsemanship, ist Licenced Parelli 5 Sterne Master Instructor. Er verbindet Grundlagen der klassischen Dressur, die Entwicklungsstufen der Vaquero-Bridle-Horse-Tradition mit den Prinzipien des Parelli Natural Horsemanship. Dabei legt er gleichermaßen Wert auf die emotionale, mentale und körperliche Verfassung des Pferdes. Als Tierarzt und Experte für Zahnpflege und Hufbearbeitung bietet er zudem tiefgreifende Kenntnisse über die Anatomie und biomechanischen Bewegungsabläufe des Pferdes. Sein Wunsch ist es, ein möglichst umfassendes Verständnis der komplexen Zusammenhänge und möglicher Ursachen und Wirkungen zu vermitteln.
www.adrianheinen.com

ZEIGT HER EURE HUFE

Hufbearbeitung leicht trainiert

von Nina Steigerwald

Foto: Maike Klein

Anmerkung: Ich spreche in diesem Artikel von „Hufbearbeitern“ und schließe dabei Huforthopäden, Hufschmiede und ähnliche Berufe mit ein.

Man kann die Hufbearbeitung dem weiten Feld des Medical Trainings zuordnen. Vernünftig gemacht ist sie die Grundlage eines gesunden Bewegungsapparats. Neben dem Putzen wird keine andere Handlung am Pferdekörper so häufig vorgenommen wie die Reinigung und Bearbeitung der Hufe. Anders als ein Verband oder eine intravenöse Spritze findet sie – hoffentlich! – mit schöner Regelmäßigkeit statt. Von daher gehört zwingend alles rund um den Huf auch in das Lösungstraining des Pferdealltags hinein.

Was geschieht, wenn ein Pferd in seinem Leben noch nicht gelernt hat, seine Hufe prompt und weich aufzuheben, wenn es danach gefragt wird? Kratzen, Schaben und Ruckeln am Ende seiner Gliedmaße mit ruhigem Stillhalten über eine gewisse Dauer zu quittieren? Dann wird jedes Steinchen, das man entfernen möchte, zum K(r)ampf. Es gibt sogar Fälle, in denen das Pferd für die Bearbeitung nicht nur sediert, sondern medikamentös komplett auf die Seite gelegt werden muss. Zwischen diesem unerfreulichen Extrem und frei entspannt herumstehenden Equiden liegt eine große Spanne an unterschiedlichem Verhalten.

Hand aufs Herz: Wo ordnen Sie Ihr Pferd auf einer Skala ein? Null bedeutet, dass alles am Huf nur unter Sedierung geht. Zehn hingegen sollte Ihr angestrebtes Ziel sein: komplettes Stillstehen, promptes Geben der Hufe auf Aufforderung, aktives, aber bewegungsloses Halten des Beines während der gesamten Bearbeitung, Lockerlassen beim Umplatzieren auf den Bock, dort eigenständiges und entspanntes Belassen des Hufs und ruhiges Absetzen.

Selbst wenn ein Pferd „nur" zappelt oder sich auf den Bock lehnt und ihn damit zum Kippeln bringt, erschwert das die Arbeit des Hufbearbeiters sehr. Hinzu kommt, neben der Verletzungsgefahr für Mensch und Pferd durch scharfe, spitze und metallene Werkzeuge, der oft vernachlässigte Punkt der Rückengesundheit. Die Menschen, die einen echten Knochenjob machen und damit einen großen Beitrag zur Gesunderhaltung unseres Pferdes leisten, haben es verdient, dass wir als Besitzer uns nach Kräften bemühen, die Abläufe so entspannt wie möglich zu gestalten. Es wirken unglaublich große Kräfte auf die Wirbelsäule inklusive der Bandscheiben, wenn man in gebückter Haltung ein sich wegziehendes Pferdebein halten muss. Üben Sie eine solche Tätigkeit mehrere Stunden am Tag aus, braucht es schon ein ausgefeiltes physiotherapeutisches Programm, um diesen Job schadensfrei Jahre beziehungsweise Jahrzehnte durchzuhalten – oder Pferdebesitzer, die sich ihrer Verantwortung nicht nur ihrem Tier, sondern auch der ihrem Hufbearbeiter gegenüber bewusst sind und entsprechend handeln.

Das Gute ist: Alles ist erlernbar! Selbstverständlich sollten bei Problemen beim Geben, Halten und Behandeln der Hufe körperliche Ursachen für unkooperatives Verhalten durch den Tierarzt, Osteopathen oder Physiotherapeuten ausgeschlossen bzw. entsprechend behandelt werden.

Ein Patient mit Arthrose wird seine schmerzenden Gelenke natürlich nicht so lange halten können wie ein gut gerittenes Dressurpferd. Sprechen Sie unbedingt mit Ihrem Hufbearbeiter über bekannte Problemgebiete und bitten Sie um kleinschrittiges Vorgehen, häufiges Absetzen und eine schonende Beugung der Gelenke. Eine große Volte im Schritt nach jedem Huf kann zwischendrin für die nötige Entlastung sorgen.

BALANCE HALTEN

Die richtige Balance für einen entspannten Dreibeinstand mit fixiertem vierten Bein muss sich erst einmal entwickeln. Es reicht nicht, dass Ihr Pferd kognitiv versteht, was seine Aufgabe ist. Es muss auch muskulär und vom Gleichgewicht her dazu in der Lage sein. Die Arbeit mit Balance Pads oder Pferdewippen eignet sich hervorragend dafür.

Der nächste maßgebliche Faktor heißt Motivation: Warum um alles in der Welt sollte man als Fluchttier in so einer Position verharren? Eine Körperhaltung, in der eine schnelle Reaktion, um einer möglichen Gefahr zu entkommen, nicht möglich ist? Hierbei kommt die angewandte Lerntheorie zum Tragen. Es gibt zwei Gründe, aus denen Handlungen stattfinden: das Vermeiden unangenehmer Konsequenzen auf der einen und das Erreichen angenehmer Konsequenzen auf der anderen Seite. Bieten Sie Ihrem Pferd nach seinem Tun etwas, was es in diesem Moment gerne haben möchte, so wird es diese Handlung positiv verknüpfen und gerne wieder anbieten und ausführen.

Für Futter arbeiten fast alle Pferde gerne mit. Aber bitte mit vom Menschen konsequent eingehaltenen, klaren Höflichkeitsregeln! *Foto: Maike Klein*

MOTIVATION IM HUFTRAINING

Eine wirkungsvolle Maßnahme für den Anfang, die nicht viel Zeit und Aufwand kostet, ist ein Bottich mit Heu vor der Nase Ihres Pferdes. So kann bei manchen die Zappelei reduziert oder gänzlich abgestellt werden. Der Putzplatz muss nach der Hufbearbeitung sowieso gefegt werden, ob da nun etwas Heu mit dabei ist oder nicht, macht den Bock nicht fett, Ihr Pferd aber entspannter bei den Notwendigkeiten für seine Beingesundheit. Haben Sie einen Bearbeiter, der seine Arbeit gründlich machen will und noch lernt, kann es gerne mal eine Stunde dauern, bis alle vier Hufe hübsch sind. Kinder bekommen auf langen Autofahrten auch etwas zu essen. Verfahren Sie genauso mit Ihrem Pferd. Die Nerven aller Beteiligten werden es danken.

Auch eine Leckschale erfüllt den Zweck der Bedürfnisbefriedigung Ihres Pferdes während der Pediküre. Sie können sie Ihrem Pferd nach dem Geben des Hufs gut erreichbar hinhalten und damit die Dauer des Hoch- und Stillhaltens bestärken. Es gibt handliche Produkte auf dem Markt, auch welche ohne Melasse. Machen Sie vor dem Termin auf jeden Fall einen Test, ob Ihrem Pferd die zähe Masse auch wirklich schmeckt. Es gibt den Merksatz: „Das Tier entscheidet, ob ein Verstärker ein Verstärker ist oder nicht." Verstärker heißt in diesem Sinne, dass das Verhalten, dem er folgt, mehr wird.

Sie halten die Schale hin, wenn das Bein oben und ruhig gehalten wird, und lassen Ihr Pferd dauerhaft daran schlecken. Zieht es jedoch sein Bein weg, ziehen Sie auch sofort die Schale weg. Das nennt sich negative Strafe – negativ in dem Sinne, dass etwas Angenehmes als Konsequenz auf ein Verhalten entfernt wird. Strafe meint, dass man die Wahrscheinlichkeit für dieses Verhalten verringern will. Möchte Ihr Pferd sich gerne an der Masse bedienen, wird es das Wegziehen weniger zeigen.

Wenn Sie die Hufpflege, -bearbeitung und die Versorgung im Krankheitsfall von Grund auf richtig trainieren wollen, schauen Sie die nachfolgende Liste der benötigten Wunschverhalten und der daran beteiligten Komponenten an. Notieren Sie, wo Ihr Pferd im Moment steht, wann und wobei welche Probleme auftreten. So können Sie gezielt dort mit dem Training einsetzen, wo es nötig ist, und verpassen keinen Zwischenschritt.

TRAININGSSCHRITTE:

1. Beim Herantreten und der ersten Berührung des Pferdes still am Anbinder stehen bleiben
2. Promptes und weiches Anheben und Absetzen von jedem Huf auf Signal
3. Halten, während gearbeitet wird (Raspel, Messer, Zange und so weiter)
4. Auf den Hufbock führen, platzieren, bewegungslos dort bearbeiten und wieder absetzen lassen

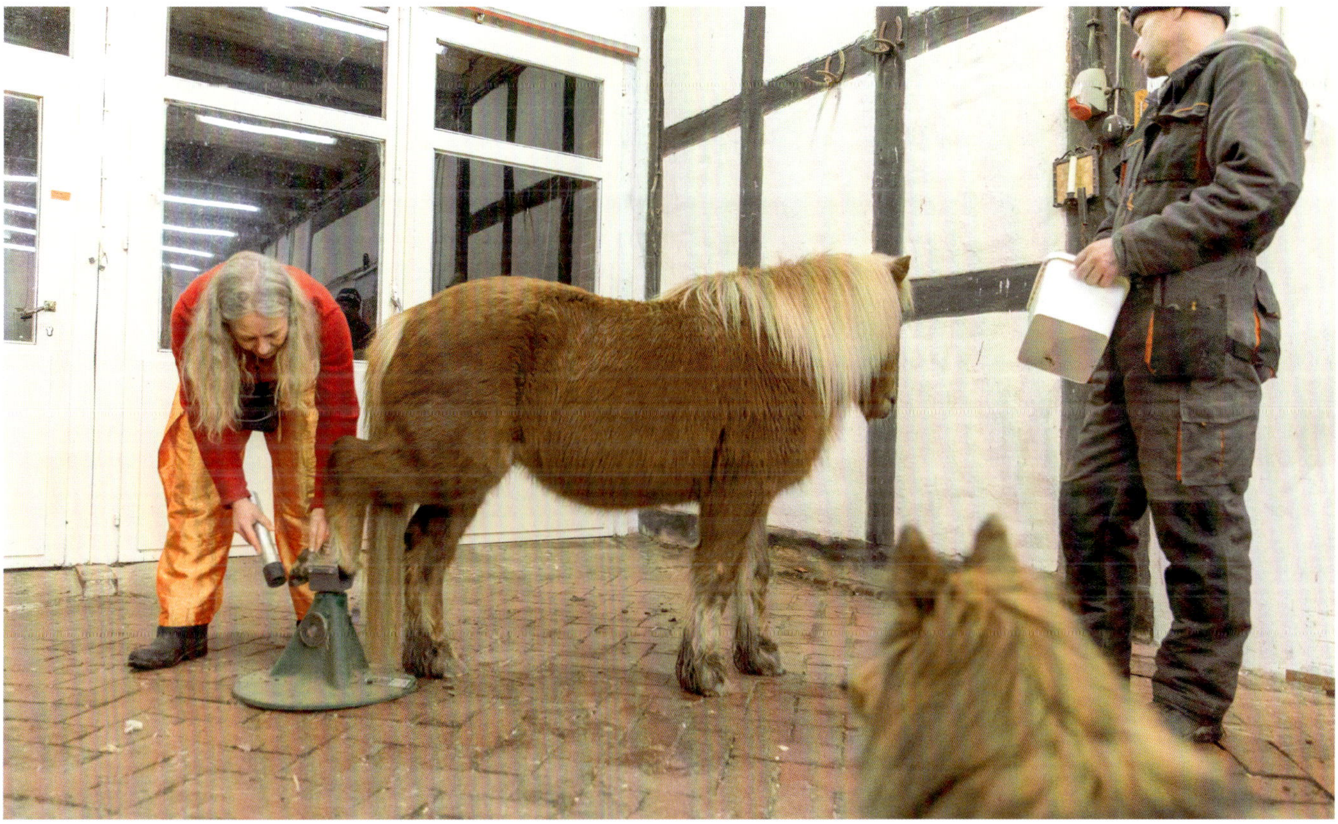

Verändern Sie in der Vorbereitung auf den Huftermin auch immer mal wieder Ort und Kontext. So lernt Ihr Pferd zu kooperieren, auch wenn die Bedingungen „in echt" anders sind als im Training. *Foto: Maike Klein*

STILLSTEHEN

Spricht man mit Hufbearbeitern, ist in einigen Fällen schon Punkt eins nicht gegeben. Die Basis jeglicher Aktivitäten am Huf heißt „Stillstehen!". Es ist nicht nur lästig und kostet unnötig Zeit, wenn ein Pferd beständig wandert, es kann auch gefährlich werden, wenn es sich ungefragt zur Seite und über die Werkzeugtasche bewegt, weil es sich umgucken will. Idealerweise reiten oder beschäftigen Sie Ihr Pferd vor dem Huftraining, damit sein Bewegungsdrang schon vorher befriedigt wird.

Haben Sie einen „Altbau" mit unschöner Geschichte, wählen Sie einen noch unbelasteten Ort und suchen Sie sich eine Tageszeit, in der so wenig wie möglich am Stall los ist. Natürlich muss und kann jedes Pferd lernen, sich unter verschiedensten Umständen die Hufe machen zu lassen. Für den Beginn ist es jedoch ratsam, die Bedingungen so zu gestalten, dass es Ihrem Pferd möglichst leichtfällt, alles richtig zu machen.

Arbeiten Sie mit positiver Verstärkung, fügen Sie nach einem erwünschten Verhalten etwas Angenehmes hinzu, um dieses Verhalten häufiger auftreten zu lassen. Gerne wird dafür Futterlob verwendet, da dieses im Regelfall sehr motivierend wirkt und zudem einfach und schnell zu verabreichen ist. Dabei erleichtert der Einsatz eines Markersignals die Kommunikation mit Ihrem Pferd.

Es weiß mit der Zeit ganz genau, wann es mit Futter zu rechnen hat und wann nicht. Es ist also unabdingbar, dass Sie den Ablauf („erwünschtes Verhalten wahrnehmen – clicken – Futter ans Maul reichen") souverän beherrschen. Für das Clicken können Sie entweder die Zunge nehmen (Zungenclick) oder einen Clicker im Tierbedarfsgeschäft kaufen. Damit auch Sie selbst möglich viel richtig machen, brauchen Sie eine gute Beobachtungsgabe und ein flottes Reaktionsvermögen. Nur wenn Sie einfühlsam und präzise auf die Reaktionen Ihres Pferdes eingehen, können Sie es dort abholen, wo es gerade bei der jeweiligen Aufgabe steht.

Bei der Arbeit mit positiver Verstärkung funktioniert das Lernen sehr schnell. Das gilt für alle Verhalten – die erwünschten ebenso wie die unerwünschten. Clicken Sie zu spät und das Bein des Pferds rutscht bereits auf dem Hufbock hin und her, kann es sein, dass Ihr Pferd immer wieder freudig den Bock umwirft. Tiere tun das, was sich für sie lohnt. Wenn es sich lohnt, sich der anstrengenden oder einfach nur langweiligen Prozedur zu entziehen, und das Pferd bekommt sogar noch Futter dafür, dann hat man sich ein echtes Problem herangezüchtet. Gutes Timing ist elementar und sollte immer wieder geübt werden.

Die Anwesenheit von leckerem Futter in der Bauchtasche des Menschen verführt viele Pferde dazu, einmal mehr oder weniger höflich nachzufragen, ob es sich nicht selbst bedienen könne. Wie sollten Sie darauf reagieren? Ein konsequentes, scharfes „Nein!", eventuell ein leichter Klaps auf die Nase? Hiermit wären Sie im Bereich der positiven Strafe: Sie fügen nach einer unerwünschten Handlung etwas Unangenehmes hinzu, damit die Nase weniger an die Tasche kommen wird. Der Nachteil hierbei liegt darin, dass Sie zum einen nicht wissen, ob Ihr Pferd den Klaps mit der Handlung verknüpft oder mit etwas ganz anderem. So könnte es dadurch auch kopfscheu werden, wenn Sie häufiger zu dieser Maßnahme greifen. Und vor allem: Es weiß immer noch nicht, was es tun muss, um an das begehrte Futter zu kommen.

Sie sollten sich im Training immer auf das erwünschte Verhalten konzentrieren, nicht auf die Fehler. Diese liefern zwar wertvolle Informationen, die Sie unbedingt in Ihre weiteren Entscheidungen einfließen lassen sollten, sind aber nicht der rote Faden, der sich durch Ihr Training ziehen sollte. Dieser besteht in einem Anfangsverhalten, welches noch zu hundert Prozent richtig ist. Von dort aus geht es dann in kleinen Schritten

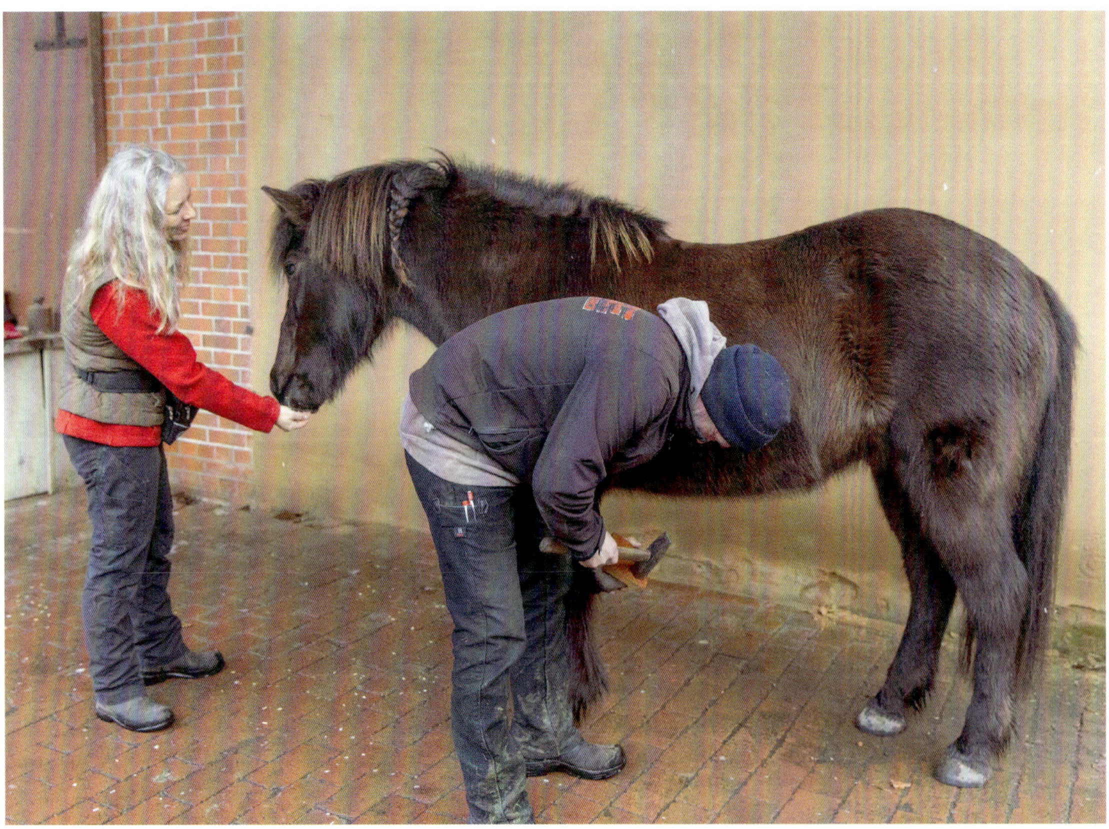

Steht Ihr Pferd wie hier beim Training der Hammerschläge beim Aufnageln frei, bekommen Sie noch ehrlicheres Feedback über die Qualität Ihrer Trainingsschritte. *Foto: Maike Klein*

voran. Haben Sie also einen „Raubritter", sollten Sie ihm am Anbinder erklären, womit er sich seine „Beute" verdienen kann: mit profanem Stillstehen. Warten Sie, bis Ihr Pferd wirklich alle vier Hufe auf dem Boden stehen hat und auch seinen Hals gerade und locker hält. Dann zählen Sie „ein-und-zwanzig", clicken und reichen schnell eine kleine Portion Belohnungsfutter wie zum Beispiel klein geschnittene Möhren, trocken verfütterbare Heucobs oder Quetschhafer an die Lippen Ihres Pferdes. Ist die Dauer „ein-und-zwanzig" noch zu lange für Ihr Pferd und es zeigt zu viele Fehler, verkürzen Sie diese und zählen Sie zum Beispiel nur bis „ein-und". Klappt dieser Schritt, können Sie die Dauer schrittweise erhöhen.

Erst wenn das ein paarmal in Folge erfolgreich durchführbar war, wenden Sie sich den Hufen zu. Ruhiges Stehen ist eine Primärtugend, die man nicht oft genug bestärken kann.

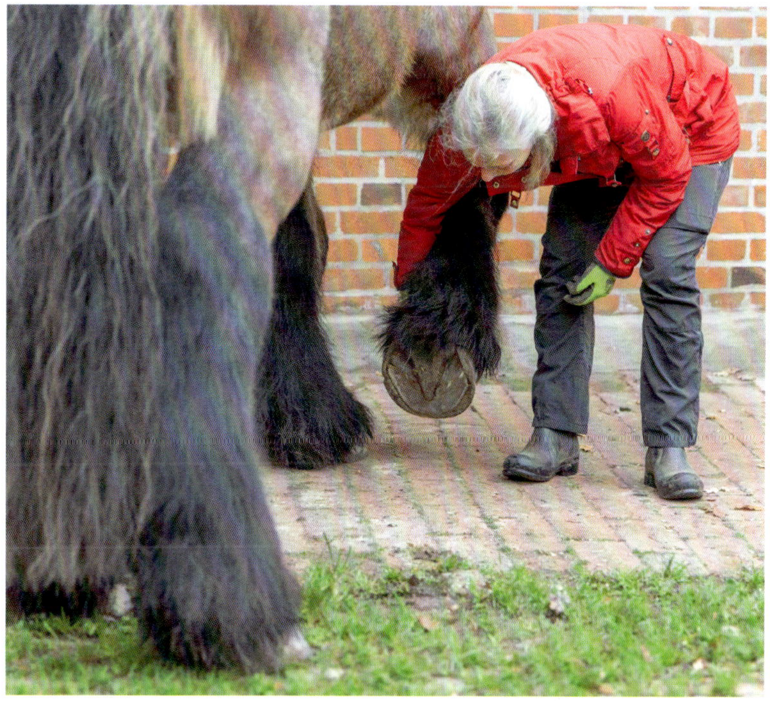

Zur Schonung des eigenen Rückens und dem des Hufbearbeiters ist nicht nur bei Hufen dieses Kalibers ein selbstständiges Hochnehmen und Halten des Beines ein wichtiges Trainingsziel. *Foto: Maike Klein*

HUFE GEBEN

Ein weiterer Trainingsbereich ist das Anheben der Hufe. Hier kann man mitunter diverse Handgriffe und Maßnahmen beobachten, die in das Feld der negativen Verstärkung fallen. Das Pferd wird durch Abstreichen oder Anfassen des Beines zum Geben des Hufs aufgefordert, reagiert aber nicht, manch eines lehnt sich sogar ein wenig auf das angefragte Bein. Es wird daraufhin an den Fesselhaaren gezogen, sich gegen die Schulter gelehnt oder mit der Raspel ans Bein geklopft. Das Pferd möchte diese eher unangenehmen Interventionen vermeiden und hebt deswegen sein Bein an. Die Interventionen hören auf. Das folgende Gefühl der Erleichterung wird in Zukunft dazu führen, dass das Pferd sein Bein schneller anheben wird. Das funktioniert, ist aber nicht der netteste Weg.

Mit der positiven Verstärkung können Sie promptes und flüssiges Anheben trainieren. Auch hier brauchen Sie einen Startpunkt. Bitten Sie Ihr Pferd, den Huf zu geben, und intensivieren Sie die Frage nicht. Sie bleiben in Ihrer Position, lassen Ihre Hand am Bein und warten geduldig. Sowie sich der Huf vom Boden löst, und sei es noch so zäh, clicken und füttern Sie. Wiederholen Sie diesen Schritt fünf bis zehn Mal, je nachdem, wie mühsam oder flott Ihr Pferd das Bein gehoben hat.

Von hier ausgehend verbessern Sie die „Qualität" des Beinhebens, bis Ihr Pferd das Bein prompt und butterweich auf Anfrage anreicht. Machen Sie ein Fünfer- oder Zehnerpäckchen und zählen Sie dabei die Sekunden, die Ihr Pferd braucht, bis es den Huf vom Boden löst. Das kann zum Beispiel so aussehen: Nach 3, 6, 5, 9 und 4 Sekunden kommt der Huf hoch, Click und Futter. Bilden Sie davon den Durchschnittswert: 3 + 6 + 5 + 9 + 4 = 27 Sekunden. Diese teilen Sie durch die Anzahl der Durchgänge: 27 : 5 = 5,4 Sekunden. Im nächsten Fünferpäckchen clicken Sie nur noch die Durchgänge, die unterhalb Ihres Durchschnitts von 5,4 Sekunden liegen. Braucht Ihr Pferd länger, um den Huf zu heben, lächeln Sie, nehmen Sie die Hand wieder weg vom Bein, richten Sie sich auf, atmen Sie entspannt durch und starten Sie den nächsten Durchgang. Damit erklären Sie Ihrem Pferd, dass sich Herumbummeln nicht lohnt. Die Gleichungen „schneller als Durchschnitt = Click und Futter" und „langsamer als Durchschnitt = Neustart" wird sich Ihr Pferd im Laufe des Trainings merken und sich deshalb mit dem Anreichen seines Hufes künftig beeilen.

Beginnen Sie immer an den Vorderhufen, Sie sind dort nicht nur sicherer, sondern können auch schneller füttern. Praktisch ist, insbesondere beim Training der Hinterhufe, dann auch ein Helfer. Dieser kann das Füttern übernehmen und Sie gegebenenfalls auch auf nicht wahrgenommene Fehler hinweisen. Wenn Sie mit Utensilien am Huf herumwerkeln, benötigen Sie beide Hände am Huf. Deshalb ist es sinnvoll, spätestens hier auf einen Zungenclick umzusteigen, um beide Hände frei zu haben.

An einem ruhig und vor allem eigenständig gehaltenen Huf ist das Arbeiten schneller und effektiver. *Foto: Maike Klein*

MANIPULATION AM HUF UND DAUER

Wie schon erwähnt, kann fehlende Balance einer der Gründe für fehlende Motivation bei der Kooperation sein. Manche Pferde mögen es von sich aus nicht gerne, bei einer länger andauernden Prozedur stillzuhalten. Überprüfen Sie die Dauer des Hoch- und Festhaltens, die Ihr Pferd noch einwandfrei ausführen kann. Wenn es die erste ungefragte Bewegung mit seinem Bein macht, setzen Sie den Huf sofort ab.

Würden Sie nicht mit Futter arbeiten, wäre diese Handlung vor dem Hintergrund einer entspannten Hufbearbeitung eine echte Katastrophe. Warum? Wenn die Konsequenz von Zappeln bedeutet, dass man als Pferd sein Bein nicht mehr oben halten muss, ist das eine tolle Sache. Also liegt es nahe, möglichst bald wieder zu zappeln. Und sollte das nicht funktionieren, zappelt man eben etwas stärker oder länger. Das ist in der Lerntheorie der sogenannte Löschungstrotz. Vielleicht kennen Sie von sich selbst dieses Verhalten, wenn Sie etwas aus einem Automaten ziehen wollen und es kommt nichts heraus. Dann wird die Münze mit etwas mehr Nachdruck in die Öffnung gedrückt. Springt dann das Objekt der Begierde aus dem Zauberkasten, ist man darin bestärkt worden, es wieder und, wenn nötig, auch mit Nachdruck zu versuchen.

Arbeiten Sie mit positiver Verstärkung und richten Sie den Fokus auf erwünschtes Verhalten, halten Sie nicht fest, sondern gehen Sie anders vor: Sie merken sich die Dauer, bei der Ihr Pferd angefangen hat, sein Bein zu bewegen. Clicken Sie nun im nächsten Durchgang bei nur fünfzig Prozent der Dauer, setzen Sie den Huf ab und füttern Sie. Wiederholen Sie das fünfmal und steigern Sie dann die Dauer des Haltens. Zählen Sie dabei stets im Kopf oder laut mit. So wissen Sie immer genau, wo Ihr Pferd mit seinen Fähigkeiten steht, und können Ihr Training perfekt auf seine Bedürfnisse anpassen. Ganz nebenbei haben Sie bei dieser Trainingsmethode schön viele Wiederholungen auf promptes Anheben.

Schon ab einer Dauer von circa drei Sekunden können Sie anfangen, mit dem Hufauskratzer herumzuwerkeln. Es macht nämlich für das Pferd einen großen Unterschied, ob ein Huf nur gehalten oder ob mechanisch auf ihn eingewirkt wird. Klopfen Sie im Training mit einem Stück Holz auf dem Huf herum, drücken und ziehen Sie ihn in alle Richtungen und rucken Sie auch mal daran. Schauen Sie mal Ihrem Hufbearbeiter über die Schulter, welche Handlungen er an den Hufen vornimmt, und überlegen Sie sich, wie Sie diese Handlung im Training gut nachstellen können.

HUFBOCK UND HUFEISEN

Bauen Sie das Training wie beschrieben auf, lernt Ihr Pferd, dass alles an seinen Hufen tolle Konsequenzen nach sich zieht, und wird bereitwillig seine Hufe für die Bearbeitung oder Reinigung hergeben. Die meisten Hufbearbeiter arbeiten mit einem Hufbock. Auch diesen gilt es, positiv aufzubauen. Das prompte Anheben haben Sie schon trainiert, im nächsten Schritt trainieren Sie das

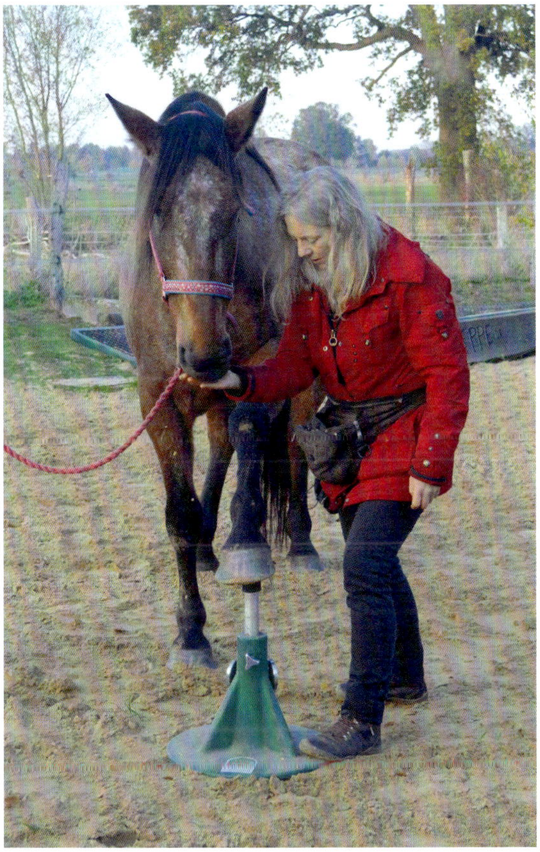

Auf dem Bock braucht Ihr Pferd eine gewisse Übung seiner Balance, um den Huf dort regungslos belassen zu können. *Foto: Maike Klein*

Nach-vorne-Führen des Hufes, anschließend ein weiches Absetzen auf dem Bock und dort gilt es wieder, eine Dauer aufzubauen. Haben Sie diese, nehmen Sie erneut unterschiedliche Manipulationen und Reize zum Training dazu.

Ebenso gibt es rund um das Hufeisen eine Vielzahl von Manipulationen und Reizen, die trainiert werden sollten. Dazu gehören nicht nur die Schläge beim Nageln der neuen Hufeisen, auch schon beim Abnehmen der Hufeisen wird viel an den Hufen gehämmert und geruckelt. Zudem entstehen bei der Bearbeitung beziehungsweise beim Abkühlen der Eisen und beim Aufbrennen auf den Huf verschiedene, potenziell gruselige Geräusche und Gerüche. Auch diese können Sie wieder Schritt für Schritt positiv belegen. Überlegen Sie sich dafür immer, welche Geräusche und Gerüche aufkommen und wie Sie diese im Training simulieren können.

Kommt der Hufbearbeiter und Ihr Training ist noch nicht so weit, sollten Sie Ort und Kontext für die echte Behandlung, bei der nicht auf ein „Nein" Ihres Pferdes eingegangen werden wird, verändern. So behalten Sie das Vertrauen Ihres Pferdes. Und denken Sie daran: Jeder im Vorfeld erfolgreich durchgeführte Trainingsschritt hilft Ihrem Pferd, Ihrem Hufbearbeiter und auch Ihnen ein Stück weiter!

Nina Steigerwald ist Pferdephysiotherapeutin und hat sich dem Training mit positiver Verstärkung verschrieben. Sie besucht regelmäßig Fortbildungen bei Viviane Theby und Tiertrainern wie Bob Bailey, Ken Ramirez und ist Mitautorin von Büchern und DVDs über Clickertraining. Seit 2014 unterrichtet sie Tiertrainer aus allen Sparten mit dem Konzept der Chicken-Camps in operanter Konditionierung. Auf Hof Steigerwald findet die Ausbildung zum Trainingsspezialisten Pferd und seit 2019 die Ausbildung zum Steigerwald.T-Medical Trainer statt. Mit ihrem Mann entwickelt und optimiert sie qualitativ hochwertige Pferdewippen.
www.steigerwald-t.de

Winterzeit ist die Zeit der Ruhe und des Friedens.
Es ist die Zeit der Entspannung vor der Zeit des Erwachens,
wenn die wärmenden Sonnenstrahlen des Frühlings
unsere Energie wieder aufblühen lassen.

Foto: Christiane Slawik

KOLUMNE

DIE RITUALE DER PFERDE

Blocken

von Gertrud Pysall

„Wenn ich über den Auslauf gehen will, tritt mein Pferd mir oft in den Weg!“ Eine Situation, die häufig passiert und die beim Menschen oft Unverständnis auslöst, in der Pferdesprache aber eine gängige Kommunikationsregel ist. Dieses Ritual heißt „Blocken“, wird von Pferden sehr häufig eingesetzt und fast nie vom Menschen als solches erkannt, dabei liegt hier großes Potenzial für eine Verbesserung des Miteinanders zwischen Pferd und Mensch. Etliche Regeln der Pferdekommunikation beziehen sich auf die Fortbewegung und das Bestimmen des Tempos.

Das helle Pferd blockiert das graue Pferd und hindert dieses am ungezwungenen Weitergehen. *Grafik: Isabell Schmitt-Egner*

Regel: Wer Tempo und Wegeführung bestimmen kann, beweist damit hohe Kompetenz.

Ritual: Durch geschicktes Verhalten kann das Pferd ein anderes am Weitergehen hindern oder beeinflussen, wohin das Zweitpferd laufen kann beziehungsweise darf.

Pferde als Lauftiere sind gerne und viel im Schritt unterwegs, um zum Futter, zum Wasser oder zu einem Freund zu gehen. Dabei nehmen sie meist den kürzesten und geraden Weg zum Ziel. Möchte ein anderes Pferd aus der Gruppe zeigen, dass es glaubt, im Rang höher zu stehen, bietet das Blocken eine gute Möglichkeit. Dazu geht dieses Zweitpferd auf das erste zu und stellt sich genau quer zur Laufrichtung in den Weg. Wie bei einem großen T. Das erste Pferd müsste jetzt das zweite entweder wegschieben können oder durch Angriff in die Flucht schlagen, um sich den Weg frei zu machen, wenn es nicht im Rang nachgeben will. Wenn es aber stehen bleibt oder im Bogen ausweicht und zur Seite weggeht, hat das blockierende Pferd seinen höheren Rang durch diese Aktion bestätigt.

Manchmal passiert aber auch Folgendes: Zwei Pferde gehen nebeneinanderher und plötzlich macht eines einige schnellere Schritte und stellt sich wie im ersten Fall quer vor das zweite Pferd. Dann entsteht das Blocken aus dem Miteinander heraus. Nicht immer ist es für uns Menschen ersichtlich, welcher Impuls dazu geführt hat, aus dem gemeinsamen Gehen überraschend ein Rangordnungsritual zu entwickeln. Es wirkt auf uns oft so, als wäre die Situation zufällig oder ungeplant entstanden. Meiner Erfahrung nach ist es aber tatsächlich die volle Absicht des Pferdes. Es nutzt dies als gewaltfreie und kraftsparende Möglichkeit, den eigenen Rang darzustellen beziehungsweise zu klären. Das tun Pferde nicht nur miteinander oder untereinander. Wie ich schon früher erklärt habe, reden sie mit uns Menschen und blocken uns gleichermaßen. Von daher bedeutet es auch für uns das Gleiche, wenn ein Pferd sich uns in den Weg stellt oder beim Führen, anstatt neben dem Menschen zu laufen, schräg vor den Menschen kommt und dadurch auch den geraden Weg blockiert. Auch hier heißt das: Das Pferd will sagen, dass sein eigener Rang über dem des Menschen liegt.

RANGORDNUNG ABKLÄREN – WER FÜHRT?

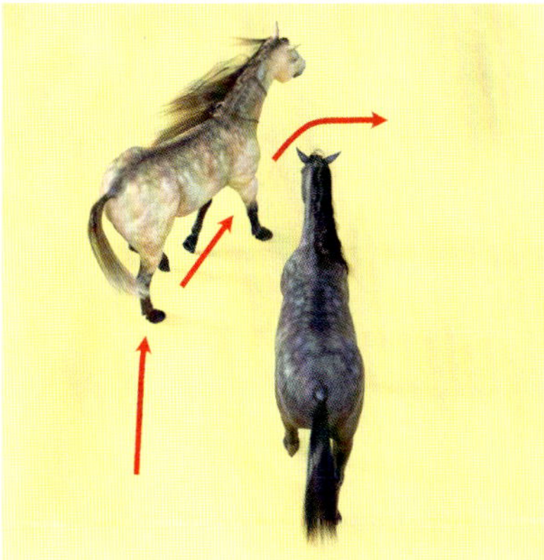

Das helle Pferd überholt das graue und stellt sich dem grauen in den Weg. *Grafik: Isabell Schmitt-Egner*

Es gibt noch eine weitere Art des Blockens. Dabei blockiert das ranghöhere Pferd für das zweite Pferd den restlichen Raum. In einer Reithalle oder einem eingezäunten Gelände sieht das so aus: Das blockierende Pferd läuft innen auf dem zweiten Hufschlag und das blockierte Pferd außen. Jeder Versuch des äußeren Pferdes, nach innen zu kommen, wird vereitelt. Das innen laufende Pferd läuft dicht neben dem anderen und achtet bei seinem Tempo darauf, dem Zweitpferd keine Möglichkeit zu geben, aus dieser Bevormundung zu entrinnen. Das äußere Pferd versucht gegebenenfalls, über Anhalten oder Tempowechsel das andere Pferd abzuhängen. Dieses aber ist wie ein Magnet an seine Seite geheftet, es verlässt diese Position nicht. Es zwingt also sein Gegenüber, auf der vorgegebenen Spur so lange zu bleiben, bis dieses verstanden hat, dass der andere mit Erfolg blockieren kann. Zeigt es diese Erkenntnis entweder durch Senken des Kopfes oder durch Abschnauben und Gesten der Unterordnungsbereitschaft an, lässt das innen laufende Pferd nach. Es hat ja sein Ziel erreicht. Das andere Pferd hat verstanden, wer das Sagen hat, wer die Verantwortung trägt, und ordnet sich unter. Ab dann ist das Ritual erfolgreich abzuschließen. Es wäre unnötiger Kräfteverschleiß, dennoch die Übung weiterzubetreiben.

RICHTUNG UND TEMPO ÄNDERN

Das helle Pferd bleibt in jeder Gangart dicht neben dem grauen und drängt es leicht nach außen. So blockiert es für das graue Pferd den kompletten Innenraum und beansprucht diesen für sich alleine. *Grafik: Isabell Schmitt-Egner*

Alle drei Arten des Blockierens erleben wir Menschen mit Pferden auch. Wie sollte man nun sinnvoll damit umgehen? Wir haben verstanden: Was das Pferd dort tut, ist weder Zufall noch Ungehorsam. Es redet mit uns und teilt mit, dass der Rang aktuell beim Pferd liegt. Mit dieser Aussage ermuntert es uns gleichzeitig zum Widerspruch. Es will ja beschützt und geführt werden, aber in diesem Moment empfindet es den Menschen nicht in der souveränen Führungsposition.

Natürlich ist es das Beste, die Blockade nicht zustande kommen zu lassen. Wenn man sie aber nicht verhindert hat, muss man wenigstens elegant aus der Situation herauskommen. Dazu setzt man ein anderes Ritual ein, wie zum Beispiel das Einkreisen. Oder man macht eine 180-Grad-Wende, ändert Richtung und Tempo. Dringend abraten muss man von dem Versuch, das Pferd wegzuschieben, weil man im Trettbereich steht und auch 500 Kilogramm sich nicht so leicht verschieben lassen. Es ist sinnvoller, Verstand gegen Kraft einzusetzen.

Mein Rat: Seien Sie wachsam im Umgang mit Ihrem „sprechenden" Pferd und wenn es Ihnen mal wieder den Spiegel vorgehalten hat, dann lächeln Sie zufrieden, denn wenn es mit Ihnen redet, nimmt es Sie ernst und will Ihr Bestes.

Gertrud Pysall lebt seit mehr als 25 Jahren mit Pferden und widmete sich der Erforschung der Pferdesprache. In Spenge (NRW) begann sie mit Seminaren für interessierte Pferdemenschen und schrieb die Pferdebücher „Was Pferde wollen" und „Das Geheimnis der Pferdesprache". Mit ihrer Tochter Franziska hält sie Workshops und Vorträge über ihr Ausbildungssystem „Motiva". **www.motiva-pysall.de**

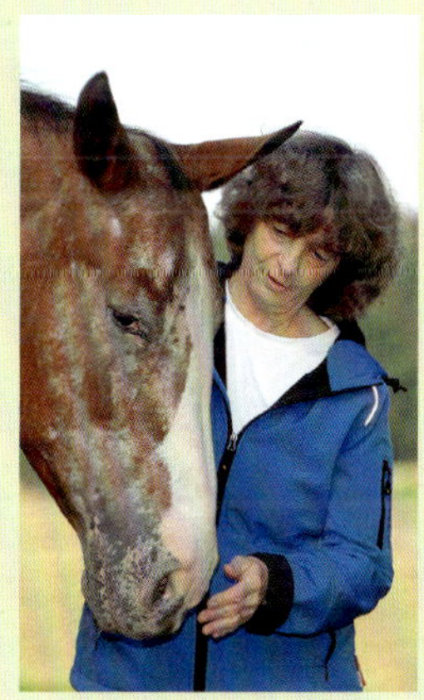

DAS PFERD BEGINNT BEIM HUF

Mit gesunden Hufen zur ausgeglichenen Stellung

von Dr. Konstanze Rasch

Foto: Christiane Slawik

Jeder (einzelne) Huf ist das Ergebnis der Belastung, die das Pferd beim Stehen und Gehen auf diesen einwirken lässt. Je nach Ausgewogenheit und Symmetrie in Gebäude und spezifischen Bewegungsmustern eines Pferdes sind die linken und rechten Hufe der Vor- und Hinterhand dann im Ergebnis spiegelbildlich zueinander geformt oder aber wir finden bis zu vier völlig unterschiedliche Hufe an einem Pferd vor. Jegliches Problem im Bewegungsapparat schlägt sich in den Hufen nieder. Umgekehrt gilt das Gleiche: Die Hufe wirken in starkem Maße auf die Stellung und die Bewegungen des Pferdes zurück. Und sie tun dies in dreifacher Hinsicht, zum einen als Fundament, zum Zweiten als Sinnesorgan und nicht selten als Hemmschuh.

Wird ein Pferd geboren, so ist es bereits gut beschuht. Vier fertig ausgebildete Miniaturhufe erlauben dem Fohlen, bereits kurz nach seiner Geburt aufzustehen und zu laufen. Zunächst sind die kleinen Hüfchen sozusagen das „Schlusslicht im System", im Verlaufe der Zeit wächst ihnen jedoch recht schnell ein großes „Mitspracherecht" zu. Sprich, während anfangs Gewicht und Bewegung des aufwachsenden Fohlens die kleinen Hufe formen, beginnen diese mit zunehmendem Wachstum auf die von oben einfallende Gewichtsverteilung und Gliedmaßenführung zurückzuwirken. Die anfangs einseitige Wirkrichtung verwandelt sich in eine komplexe Wechselwirkung zwischen Huf und Pferdekörper. Da dieser Prozess bereits im Fohlenalter beginnt, ist es sehr wichtig, die Entwicklung der Hufe von klein auf zu betreuen. Durch die Gestaltung der Aufwuchsbedingungen stellen wir Menschen einige der entscheidenden Weichen, ob ein Pferd später einmal über unproblematische Hufe, eine ideale Gliedmaßenstatik und eine gesunde Bewegungsmotorik verfügen wird.

DER HUF ALS FUNDAMENT

Optimal ist eine Huf- und Beinsituation, bei der gerade Gliedmaßen auf regelmäßigen Hufen ruhen. Bedingt durch das individuelle Exterieur oder auch durch Fehlstellungen und Erkrankungen wird dieses Ideal jedoch bei Weitem nicht immer erreicht. Stellt ein Pferd beispielsweise aufgrund seiner Veranlagung oder als Folge einer Erkrankung beziehungsweise einer anderweitig bedingten Schonhaltung seine Vorderbeine nicht lotrecht unter den

Körper, sondern leicht nach außen oder innen versetzt, so werden die betreffenden Hufe zwangsläufig eine unsymmetrische Form annehmen.

Wird zum Beispiel das linke Vorderbein wie in der Zeichnung (Abb. 1a) nach außen versetzt auf den Boden gebracht (rot), dann werden die ansonsten zueinander symmetrischen Verhältnisse am Huf zwangsläufig verändert.

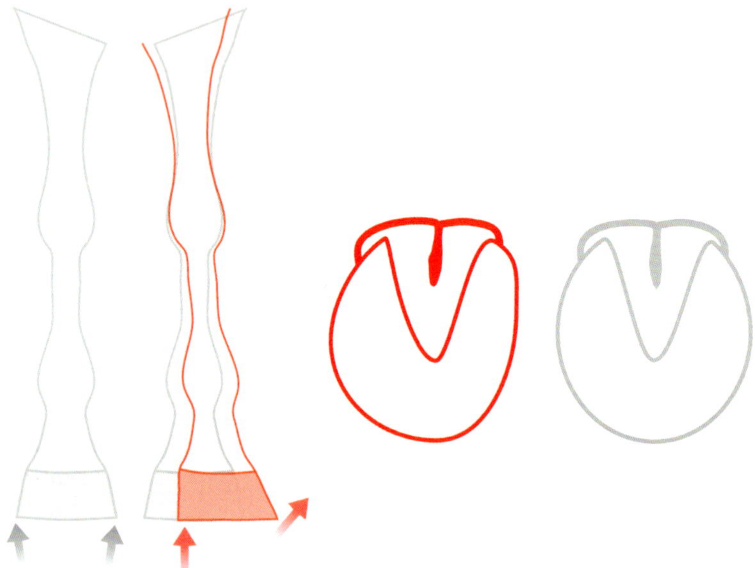

Abb. 1a

Abb. 1b

Die Aufstellung des Pferdes bestimmt die Hufform. *Grafiken: Dr. Konstanze Rasch*

Allein die Ausrichtung der Knochensäule bewirkt in diesem Fall sofort und unmittelbar eine Steilstellung der inneren und eine Schrägstellung der äußeren Seitenwand zum Boden. Das kann jeder leicht einmal ausprobieren, indem er sein Pferd freundlich bittet, sein Bein beim Absetzen des Hufes im Stand etwas weiter nach außen zu setzen als gewohnt. Es wird so wahrscheinlich nicht lange stehen bleiben, denn die ungewohnte Aufstellung ist ihm ungemütlich, aber ein kurzer Moment reicht aus, um zu sehen, wie sich die Wandausrichtung zum Boden hierbei augenblicklich verändert.

Wenn dieses Nach-außen- oder Nach-innen-Stellen der Gliedmaße nicht nur eine Momentaufnahme ist, wie eben in unserem Experiment, sondern ein exterieur- oder krankheitbedingter Dauerzustand, dann manifestiert sich diese Aufstellung letztlich immer auch am Huf. Das heißt, das Pferd wird – um im Beispiel zu bleiben – einen schiefen linken Huf bekommen, der innen steiler und außen schräger ist. Hierfür sorgt unter anderem der Bodengegendruck, der naturgemäß rund um die Uhr auf die Hufe einwirkt. Denn trifft dieser Bodengegendruck auf der einen Seite permanent auf eine steilere und auf der anderen Seite auf eine schrägere Hufwand, ergibt sich eine ganz unterschiedliche Krafteinwirkung und Kraftrichtung auf diese beiden Wände. Da diese Einwirkung dauerhaft ist, wird das nachwachsende Hufhorn ab sofort genau so weiter geformt und wächst – wieder am Beispiel – innen steil und außen schräg nach. Damit nicht genug. Da hinter der steileren Wand weniger Platz bleibt, sich dagegen aber hinter der schrägeren Wand mehr Platz bietet, werden auch die Sohlenhälften der Hufe unterschiedlich ausgebildet und es entsteht in der Folge eine schmalere Hufhälfte auf der Innenseite des Hufes und eine weitere Hufhälfte auf der Außenseite des Hufes (Abb. 1b). Auch die Eckstreben werden dabei unterschiedlich gestellt, sodass die innere Eckstrebe einen steileren Winkel zum Boden einnimmt, die äußere einen schrägeren ...

Was hier beispielhaft an einem nach außen gestellten linken Vorderhuf dargestellt wurde, kann natürlich genauso gut andersherum sein – also der Huf wird bodeneng platziert – und es gilt sowohl für Vorder- wie auch für Hinterhufe. Genauso gut kann die jeweilige Gliedmaße aus verschiedenen Gründen aber auch etwas nach vorn oder hinten gestellt oder aus- beziehungsweise eingedreht werden. Hinzu kommt mitunter auch eine unterschiedlich starke Gewichtsbelastung auf den verschiedenen Hufanteilen, bedingt durch das Gebäude, durch Handicaps, schmerzhafte Erkrankungen und so weiter.

In der Bewegung der Gliedmaße erfährt der einzelne Huf zusätzlich noch einen Hornabrieb, der gar nicht selten in den verschiedenen Anteilen des Tragrandes unterschiedlich ausfällt. Es ergeben sich hieraus unzählige Kombinationen und das Resultat ist ein stets sehr individuell geformter Huf, der vom Boden durch seine spezifische Art dann weiter geformt und manchmal leider auch verformt wird. Es handelt sich um einen klassischen Feedbackmechanismus. Jeder Huf ist zunächst einmal ein Spiegel seiner Benutzung durch das Pferd. Er wird einerseits vom Pferd und andererseits vom Boden – und zwar quasi als Antwort auf seine aktuelle Verfassung – weiter geformt. Letztlich wirkt der Huf durch seine Form und seine Biomechanik zurück auf die Bewegungen des Pferdes und verändert unter Umständen auch die Aufstellung und den Gebrauch der Gliedmaßen. Das wirkt nun wiederum auf die Hufe zurück.

DIE ENTSTEHUNG DER SCHIEFEN HUFE

Hier dargestellt ist das Prinzip der Entstehung schiefer Huf-Fundamente beim Pferd. Der Zustand passiert umso schneller und ausgeprägter, je weniger Hornabrieb am Hufhorn stattfindet.

Vom „Schlusslicht im System" wandeln sich Hufe ohne ausreichenden Abrieb und ohne passende Hufbearbeitung ungewollt zum „Systemgestalter". Sie wirken zurück auf die Aufstellung und die Bewegung des Pferdes und verstellen das System. Nicht selten werden sie auf diese Weise leider auch zum Systemsprenger.

Abb. 2a
Huf als Schlusslicht

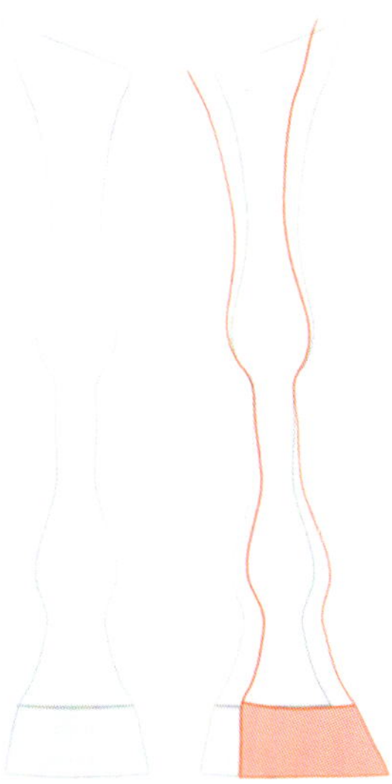

Das Pferd stellt den Huf und formt ihn ...
Grafiken: Dr. Konstanze Rasch

Abb. 2b
Huf als potenzieller Systemsprenger

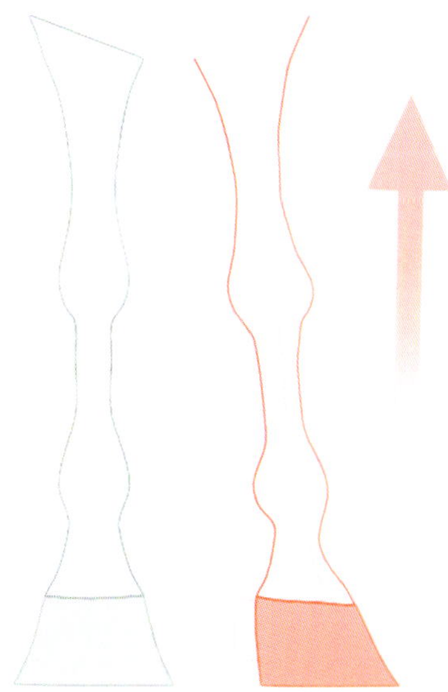

... aber der überständige Huf verstellt das Pferd und „formt" auf diese Weise ins Pferd zurück.

Während die linke Zeichnung (Abb. 2a) den Huf als passend schiefes Fundament zeigt, verdeutlicht die Zeichnung auf der rechten Seite (Abb. 2b), was passiert, wenn der Huf zu schief wird. Der Huf wird zum Hemmschuh. Er behindert das Pferd in seiner gewohnten Aufstellung und Bewegung und verstellt die Gliedmaße. Das hat zahlreiche negative Konsequenzen, nicht nur für die Gliedmaße selbst – deren bindegewebige, gelenkige und knöcherne Strukturen hierunter leiden und dabei mehr oder weniger großen Schaden nehmen können –, sondern auch für das gesamte Pferd.

Die durch den Huf erzwungene veränderte Aufstellung und Bewegung erfordert Kompensationsleistungen im ganzen Organismus. Solche Hufe prägen dem Pferdkörper ihren Stempel auf: Muskeln werden auf- oder abgebaut, Schiefen, Verspannungen, Blockaden stellen sich ein, die Beweglichkeit verändert sich, hinzu kommen Schmerzen. Ein Pferd in dieser Situation hat dann sehr schnell nicht nur ein Handicap – nämlich seine zu schiefen Hufe –, sondern viele. Und, je länger diese anhalten, umso schwerer wird es, das Pferd allein über die Sanierung seiner Hufe wieder aus dieser vertrackten Situation zu befreien.

Deshalb ist es so wichtig, mit einer regelmäßigen Hufbearbeitung dafür zu sorgen, dass Hufe nicht in eine solche Situation geraten.

HUFBEARBEITUNG ALS GESUNDHEITSVORSORGE

Die Hufbearbeitung dient der Gesunderhaltung der Hufe und des Pferdes, hierüber sind sich alle einig. Gemessen an diesem Maßstab läuft allerdings in der Welt der Hufbearbeitung einiges falsch. Wenn bei der Hufbearbeitung gewohnheitsmäßig schief gewordene Hufe gerade gerichtet werden – und das ist leider seit Jahrhunderten die gelebte Hufrealität –, begeht man mindestens einen der beiden folgenden Fehler.

Entweder kommt die Hufbearbeitung in diesem Fall zu spät, denn der Huf ist ja bereits zu schief und damit systemrelevant geworden (1). Oder aber man kommt genau zur rechten Zeit, richtet dann aber einen im Eigentlichen passend schiefen Huf völlig unpassend gerade (2).

Zu (1): Das Hufhorn wächst im Schnitt einen ganzen Zentimeter im Monat, bei dem einen Pferd mehr, bei dem anderen weniger. Im Sommer gern noch mehr, im Winter dafür weniger. Wählt man die Abstände der Hufbearbeitung entsprechend dem individuellen und saisonalen Hornwachstum und dem konkreten Ausmaß des stattfindenden Hornabriebs, so ist das Problem gelöst. Der Huf bekommt keine ungesunde Überlänge, wird deshalb auch nicht „zu schief" und die oben genannten negativen Folgen bleiben aus. Hier ist durch kürzere Abstände also leicht Abhilfe zu schaffen.

Wer jetzt sagt, er habe aber die Erfahrung gemacht, dass es auch bei den entsprechend kurzen Abständen nicht gelingt, den Hufen ein nachträgliches Geradeschneiden zu ersparen, der findet den Grund hierfür ziemlich sicher im Fehler Nummer 2.

Zu (2): Sehr viele Hufbearbeiter, Tierärzte, Pferdebesitzer haben die Vorstellung, dass ein Huf gerade und symmetrisch zu sein hat. Die wenigsten Hufe sind es, und zwar aus den oben benannten Gründen. Diese beginnen beim ererbten Exterieur und reichen über angeborene und erworbene Fehlstellungen bis hin zu unfall- oder krankheitsbedingten Beeinträchtigungen. Man muss sich dringend klarmachen, dass Asymmetrie die Regel und nicht die Ausnahme ist (siehe Abb. 3 und 4). Das betrifft nicht nur den Huf, sondern auch die Gliedmaße sowie das gesamte Pferd. Es ist dem Pferd nicht geholfen, wenn man ihm im Rahmen der Hufbearbeitung seine Vorstellungen von Regelmäßigkeit und Symmetrie aufzwingt. Vielmehr sollte man das passend schiefe Fundament akzeptieren und pflegen. Durch die im Artikel „Problemlos Barhuf" beschriebene progressive Barhufbearbeitung gelingt dies in der Regel sehr gut.

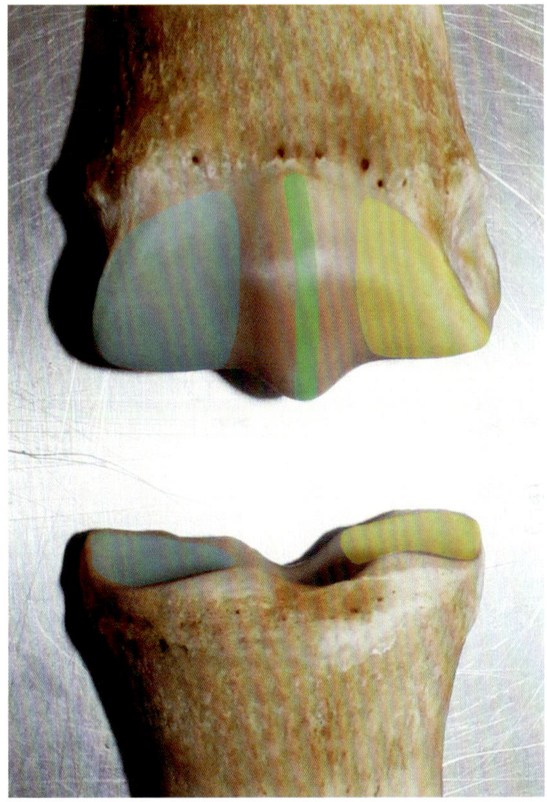

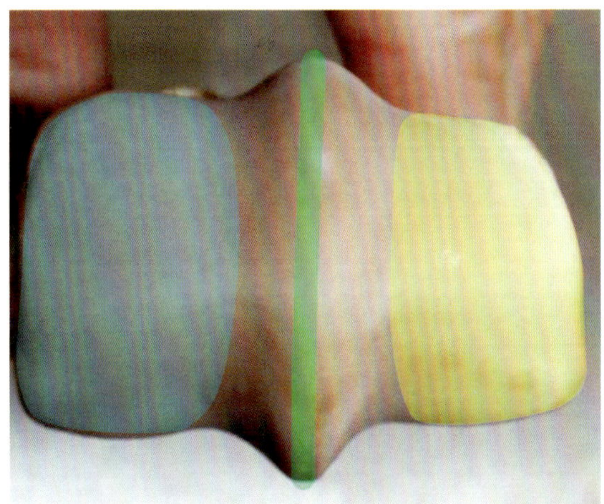

Abb. 4: Profitiert dieses Fesselgelenk von einem Geradeschneiden des Hufes? *Foto: Dr. Konstanze Rasch*

Abb. 3: Ein passend schiefer Huf mit seinem ebenso schiefen Hufbein – ein Geraderichten der Hornkapsel wäre völlig fehl am Platz. *Foto: Dr. Konstanze Rasch*

Was bei der Hufbearbeitung zumeist nicht angemessen berücksichtigt wird, ist der Umstand, dass ein schiefer Huf mit einem ebenso schiefen Hufbein sowie mit schief eingerichteten Gelenken, schiefen Gliedmaßenknochen und darauf funktional angepassten bindegewebigen Strukturen einhergeht. Eine Hufbearbeitung, die den Hufen regelmäßig und immer wieder ein „Geradesein" vorschreibt, wird zum Störfaktor und erschwert das unproblematische Funktionieren. Sie erfüllt damit sehr ungenügend den angezielten Tatbestand der Gesundheitsvorsorge.

DIE THERAPIE VON FEHLSTELLUNGEN ÜBER DIE HUFBEARBEITUNG

Fehlstellungen können Hufe stark verformen, so dass diese für das Pferd problematisch werden. Was kann man hier an den Hufen selbst tun, um die Probleme zu mildern oder zu beheben?

Fehlstellungen der Gliedmaßen beim Pferd können angeboren oder erworben sein. Erwirbt man ein erwachsenes Pferd mit einer Fehlstellung, ist nicht immer klar, wie es zu dieser gekommen ist. Für den Umgang mit der fehlgestellten Gliedmaße macht dieses Wissen auch keinen Unterschied. Wichtig ist allerdings, ob die Fehlstellung durch die aktuelle Hufsituation verstärkt wird (siehe Abb. 2b) oder ob der Huf die Fehlstellung der Gliedmaße einfach ganz passend trägt. Im ersten Fall kann die Fehlstellung durch die Hufbearbeitung gebessert und manchmal sogar ganz zum Verschwinden gebracht werden. Im zweiten Fall ist seitens der Hufbearbeitung weit mehr Bescheidenheit angesagt. Die nicht weniger gewichtige Aufgabe ist es hier, den Huf als Fundament unter seiner fehlgestellten Gliedmaße tauglich zu erhalten. Denn ein solcher Huf leidet in der Regel mehr, als es ein Huf unter einer geraden Gliedmaße tut. Wird die Aufgabe der Hufbearbeitung in diesen Fällen jedoch missverstanden, weil über die Zurichtung des Hufes eine Besserung der Stellung erwirkt werden soll, sind die Probleme fürs Pferd vorprogrammiert.

Die Abbildungen 5 bis 8 zeigen die fehlgestellten Vordergliedmaßen eines sechsjährigen Pferdes. Die Beine haben eine Verdrehung jeweils im Huf- und Fesselgelenk. Wird diese nun durch die Hufe bewirkt oder nicht?

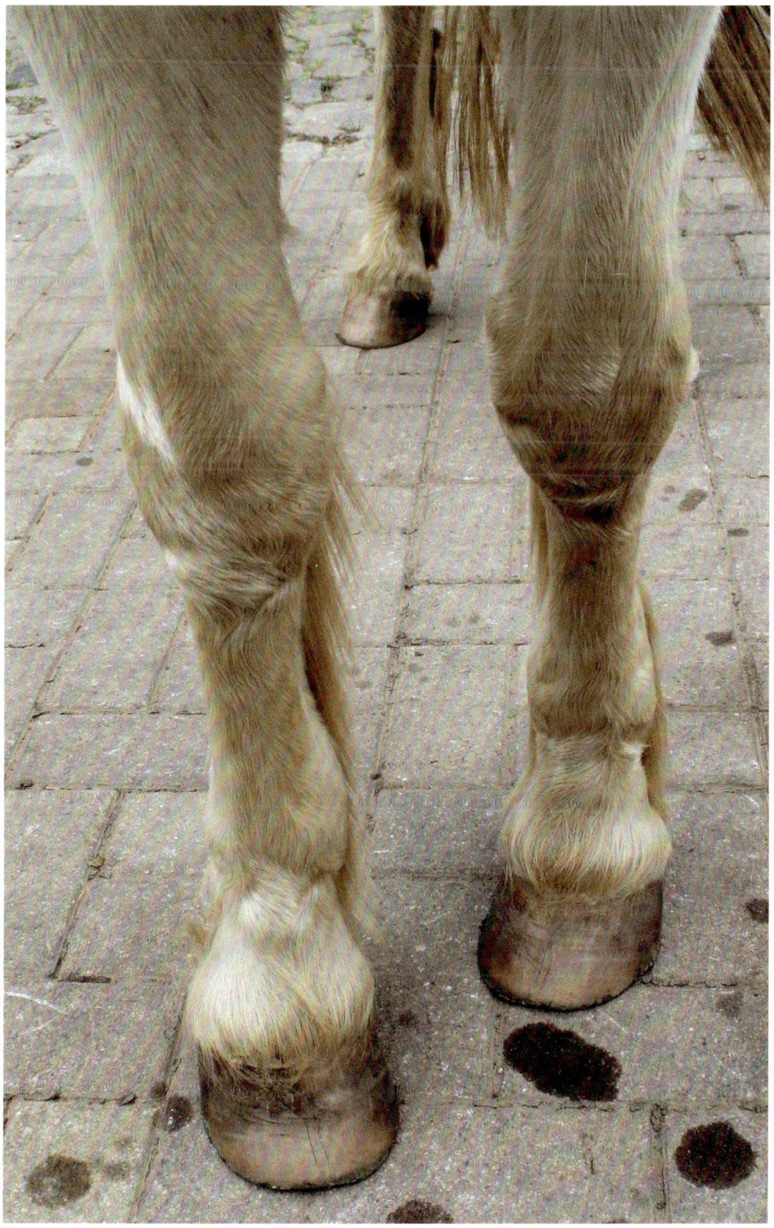

Abb. 5: Sechsjähriger mit einer Fehlstellung beider Vorderbeine.

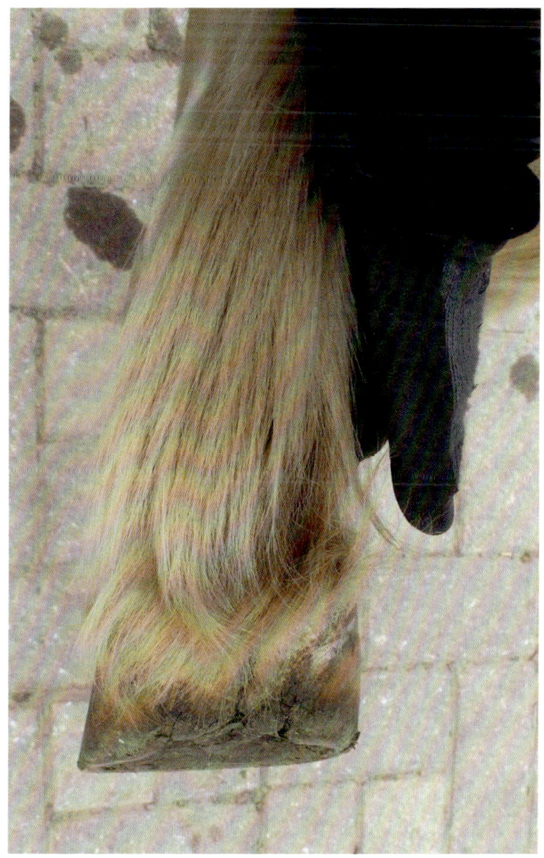

Abb. 6: Die Hufe – hier der linke Vorderhuf – sind entsprechend schief. *Fotos: Dr. Konstanze Rasch*

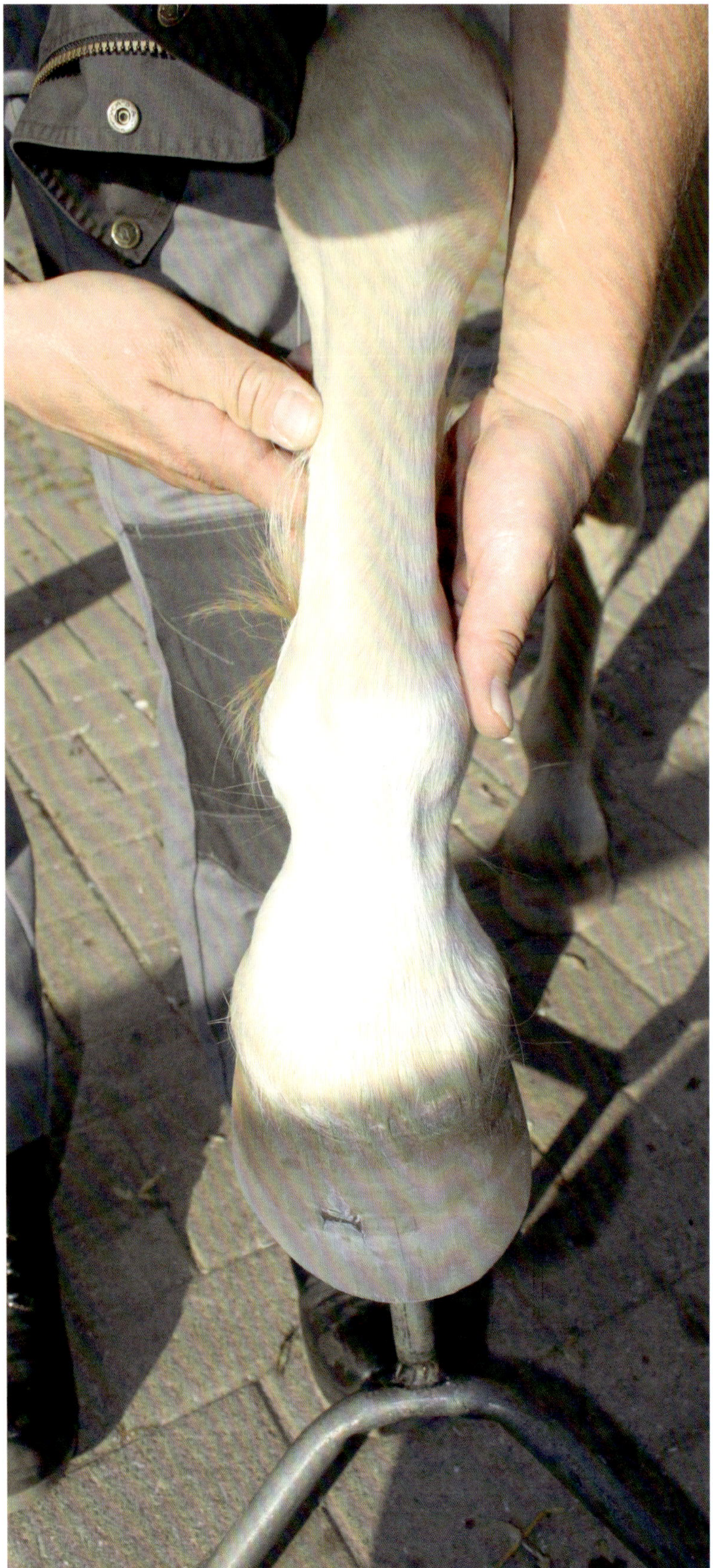

Nein, das wird sie im Moment nicht. Allerdings sind die Hufe offensichtlich gerade dabei, den Übergang hierzu zu machen. Werden sie jetzt noch länger, dann werden alle bereits vorhandenen Wandschrägen größer. Das heißt, die inneren Zehen- und Seitenwände wachsen davon, die Trachtenwände schieben sich weiter unter den Huf und die Hufe werden in der Folge deutlich schiefer als momentan zum Boden gestellt. Die Gelenke würden hierdurch zusätzlich verkippt werden.

Um zu prüfen, ob die Fehlstellung in der Gliedmaße selbst oder lediglich in den zu schief gewordenen Hufen begründet liegt, kann es hilfreich sein, die stehende Gliedmaße einmal im aufgehobenen Zustand und ohne Belastung zu betrachten (siehe Abb. 7). Auf diese Weise nimmt man den Huf als zusätzlich verstellenden Faktor außen vor und kann sehen, wie die Gelenke für sich eingerichtet sind und inwiefern die Fehlstellung als solche in der Gliedmaße manifestiert ist.

Es wäre nicht klug, wenn der Hufbearbeiter an diesen Hufen Maßnahmen ergreift, die das Pferd zu einer anderen Aufstellung zwingen. Die Gelenke über bestimmte Manipulationen am Huf „ausdrehen" zu wollen, sei es durch die Zurichtung des Hufes selbst oder durch das Anbringen von orthopädischen Beschlägen, hieße, ein Ziel zu verfolgen, welches nicht erreicht werden kann. Das Pferd kann mit seinen verstellt eingerichteten Gelenken dem hufbearbeiterischen Vorschlag „sei gerader" nicht folgen und wird sich bemühen, die neue Situation zu kompensieren. Das führt nicht selten zu mehr Problemen, nicht allein weil bestimmte Muskelgruppen nun überanstrengt werden. Es kommt zu deren Ermüdung, zu Verspannungen, Blockaden und zu orthopädischen Problemen an ganz anderer Stelle im Pferdekörper. Und es entstehen Baustellen in den Hufen selbst, die wiederum neue Probleme fürs Pferd aufwerfen. Stattdessen kann die Hufbearbeitung sehr viel Positives bewirken, wenn sie als „Moderator der Situation" – und nicht als „Umgestalter" – dafür sorgt, die Hufe als taugliche Fundamente unter den nicht so günstig gestellten Gliedmaßen zu erhalten.

Abb. 7: Die Fehlstellung zeigt sich an der aufgehobenen Gliedmaße noch deutlicher – hier am rechten Vorderbein des Sechsjährigen dargestellt. *Foto: Dr. Konstanze Rasch*

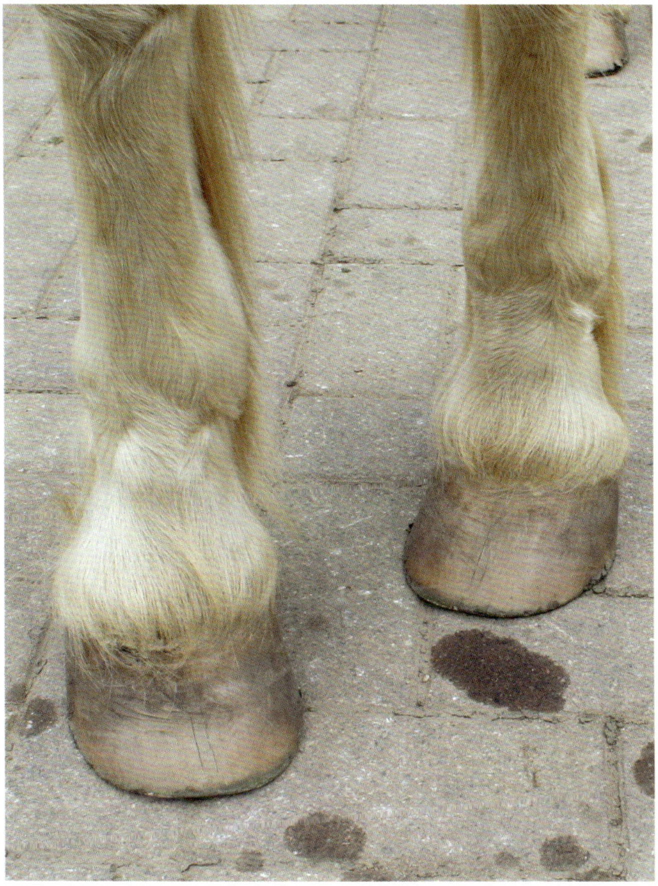

Abb. 8a: Vor der Bearbeitung ...
Fotos: Dr. Konstanze Rasch

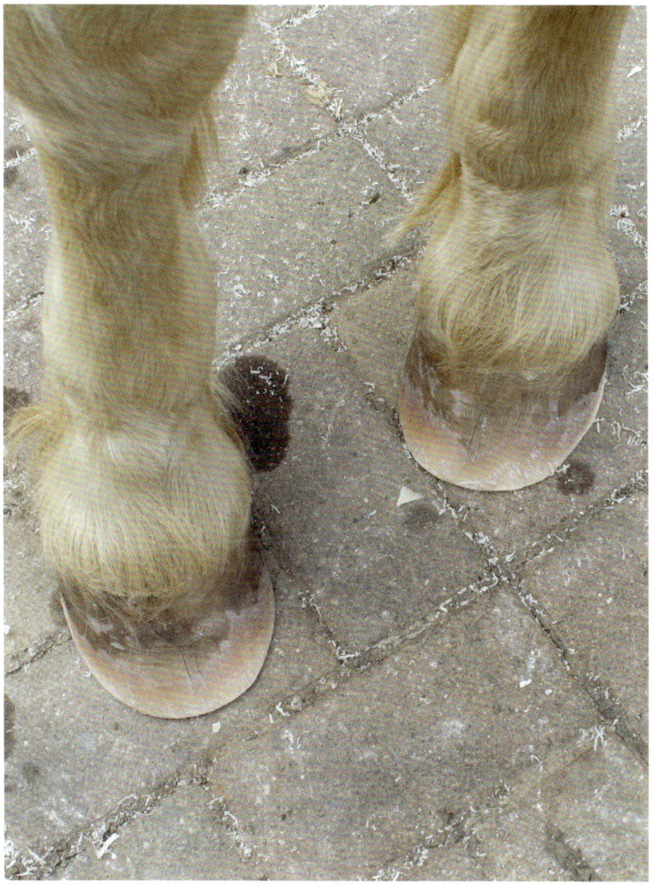

Abb. 8b: ... und nach der Bearbeitung. Die Bearbeitung sorgt – ganz bescheiden, aber genauso entscheidend – dafür, dass die Hufe auch in den nächsten vier bis fünf Wochen nicht schiefer werden

Konstanze Rasch ist Präsidentin der Deutschen Huforthopädischen Gesellschaft e.V. und seit mehr als 20 Jahren als Huforthopädin tätig. Neben ihrer praktischen Tätigkeit an Pferdehufen arbeitet sie als Ausbilderin, hält Vorträge und Fortbildungen und organisiert jährliche Fachtagungen zum Thema Hufgesundheit. Ihr ganz spezielles Interesse gilt der Hufrehe und viele ihrer Patienten sind Rehepferde. Sie ist Autorin der Bücher „Diagnose Hufrehe" und „PROBLEMlos EISENlos".
www.dhgev.de

Fotos: Martina Kiss

HUFGESUNDHEIT – MEHR ALS NUR AUSKRATZEN

Was der Huf über den Stoffwechsel des Pferdes erzählt

von Dr. Christina Fritz

Für viele Pferdebesitzer sind die Hufe im Wesentlichen dazu da, dass man sie vor und nach dem Reiten auskratzt und alle sechs Wochen den Hufbearbeiter braucht. Erst wenn es schiefläuft, wenn das Pferd massive Strahlfäule hat, das Horn in alle Richtungen wegbricht oder das Pferd einen ausgewachsenen Hufreheschub macht, schaut man dann doch mal etwas genauer hin. Dabei gehören die Hufe zu den besten Frühmarkern für Stoffwechselprobleme, denn an dieser Stelle kommt das zum Vorschein, was man oben hineinfüttert.

Der Pferdehuf ist ein Wunderwerk der Natur. Er schützt und fängt Erschütterungen ab, passt sich dem Untergrund an, auf dem das Pferd lebt, und erneuert sich ständig. Für uns von außen sichtbar ist dabei im Wesentlichen die Hornkapsel, die den gesamten Hufapparat nach außen hin schützt. Innerhalb der Hufkapsel und für unser Auge verborgen, befinden sich das Hufbein, die Hufrolle, welche aus Strahlbein, tiefliegender Beugesehne und Schleimbeutel besteht, sowie das Hufkissen und natürlich die Lederhaut, mit welcher der ganze Hufapparat in der Hornkapsel verankert ist. Während die innen liegenden Teile vor allem in der Jugend des Pferdes Wachstum und Veränderung unterworfen sind, verändert sich die außen liegende Hornkapsel während des gesamten Pferdelebens.

Die hornige Hufkapsel besteht dabei aus verschiedenen Anteilen. Dazu gehört die optisch sehr präsente Außenwand des Hufes mit dem Tragrand unten und dem Kronrand oben. Hebt man den Huf auf, sieht man hier noch weitere Hornstrukturen, wie die Eckstreben, den Strahl, die Ballen und die Sohle. Auch diese erneuern sich ständig.

DIE BILDUNG VON HORNSTRUKTUREN

Hornbildung findet nicht nur am Pferdehuf statt. Krallen, Hörner, Federn, Fingernägel, Haare – sie alle werden nach demselben Grundmechanismus gebildet, und zwar von Hautzellen. Die Haut besteht im Wesentlichen aus drei Schichten: der außen liegenden Oberhaut (Epidermis), der darunterliegenden Lederhaut (Dermis) und der Unterhaut (Subcutis). Die Lederhaut ist der Teil, der besonders gut mit Blutgefäßen durchzogen ist, die die Hautzellen versorgen. Auf ihr wachsen die Zellen der Oberhaut und diese nutzen die Lederhaut wie einen Nährboden, der sie versorgt.

Der Oberhaut kommt bei der Bildung der Hornstrukturen eine besondere Bedeutung zu.

Die Oberhaut besteht aus mehreren Schichten. Das *Stratum basale* (Basalschicht), das direkt der Lederhaut anliegt, ist die teilungsaktive Schicht. Das bedeutet, dass die Zellen dieser Schicht sich ständig durch Teilung vermehren. Etwa die Hälfte der neu gebildeten Zellen wandert dann nach außen in das *Stratum spinosum* (Stachelzellschicht). Dabei lagern diese Zellen in hohem Maß Keratin ein, ihre Zellmembran wird verstärkt und zwischen den Zellen wird eine Kittsubstanz eingelagert, welche die einzelnen Zellen miteinander verklebt. Nach Vollendung dieses Prozesses sterben die Zellen ab und bilden damit das *Stratum corneum*, das wir gewöhnlich als „Horn" bezeichnen.

Im Bereich des Hufes haben wir die Besonderheit, dass die Lederhaut direkt und ohne Unterhaut mit dem Hufbein verwachsen ist. Der nach außen zur Hufwand hin gerichtete Teil bildet blättchenförmige Ausstülpungen, die Lederhautblättchen, auf denen sich dann die verhornte Wandepidermis befindet, die die Verbindung mit der äußeren Hufkapsel darstellt, die auch als „Weiße Linie" bekannt ist.

Bei der Bildung der äußeren Hufwand kommt dem Kronsaum eine besondere Bedeutung zu, denn dieser bildet im Wesentlichen den beim stehenden Pferd sichtbaren Teil der Hufkapsel. Als Kronrand oder Kronsaum bezeichnet man den Bereich, wo die Hornkapsel in die Haut der Fessel übergeht. Die hier liegende Kronlederhaut bildet vier bis acht Millimeter lange Zotten aus, die Richtung Boden weisen. Der an diesen Zotten stattfindende Verhornungsprozess sorgt dafür, dass das Horn in Form von Röhrchen in Richtung Boden wächst, wo dieses Wandhorn dann den Tragrand bildet. Die am Kronsaum stetig neu gebildeten Zellen schieben dabei die bereits verhornten vor sich her, sodass sich die Hufkapsel ständig von oben nach unten erneuert. Dieser Prozess dauert ungefähr ein Jahr (circa acht Millimeter pro Monat), bis das am Kronsaum neu gebildete Horn den Boden erreicht.

Die Hornkapsel von innen:

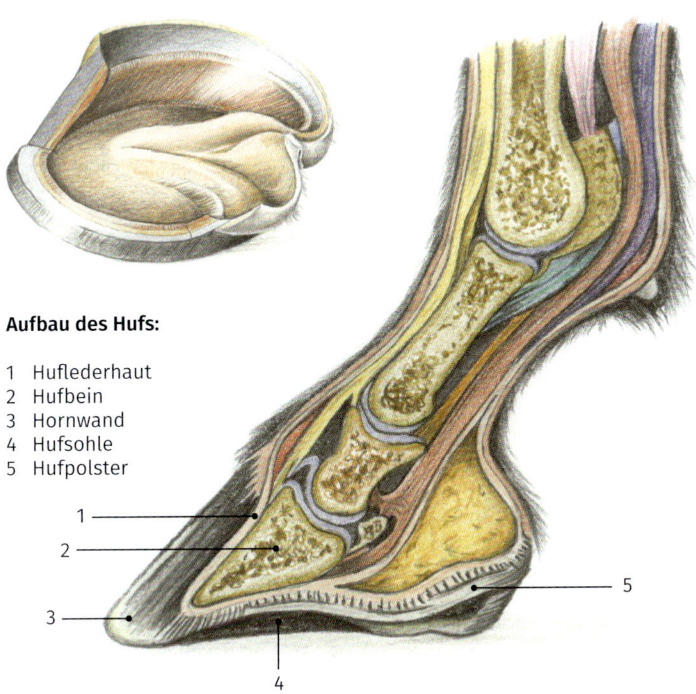

Aufbau des Hufs:

1 Huflederhaut
2 Hufbein
3 Hornwand
4 Hufsohle
5 Hufpolster

Für uns unsichtbar, innerhalb der hornigen Hufkapsel, liegen alle Strukturen, welche den Huf ausmachen und dafür sorgen, dass er als Stoßdämpfer, Tastorgan, Blutpumpe und vieles mehr dienen kann. *Grafiken: Susanne Retsch-Amschler*

Heu ist beim Pferd die Basis jeder artgerechten Ernährung. Es liefert schon den größten Teil der Nährstoffe, die für die Hornbildung benötigt werden. *Foto: Christiane Slawik*

HUFHORNBILDUNG UNTERLIEGT VERSCHIEDENEN EINFLÜSSEN

Der Hornbildungsprozess wird von verschiedenen Faktoren beeinflusst. Neben der genetischen Prädisposition gehört dazu in erster Linie die mechanische Beanspruchung, die wiederum von der Bodenbeschaffenheit, dem Maß an Feuchtigkeit, der Hufbearbeitung, der Hufstellung sowie dem Training und dem gegebenenfalls eingesetzten Hufschutz abhängt. Zieht ein Pferd – von einer Region mit weichen, feuchten Böden in eine

Gegend mit trockenen, harten Böden – um, wird der Huf innerhalb von ein bis zwei Jahren komplett umgebaut: Die Hufkapsel wird kleiner, das Horn wird härter, um der neuen mechanischen Beanspruchung besser trotzen zu können.

Über die äußeren mechanischen Faktoren hinaus spielt vor allem die Durchblutung eine wesentliche Rolle, denn mit dem Blut werden Nährstoffe in den Hufbereich transportiert, die die hornbildenden Zellen versorgen. Das Herz des Pferdes ist zwar in der Lage, das Blut in den Huf zu pumpen, allerdings kann es venöses Blut nicht wieder „hochsaugen". Damit frisches, nährstoffreiches Blut im Huf nachströmen kann, muss das verbrauchte zuerst aus dem Hufbereich entfernt werden. Je mehr ein Pferd läuft und je weniger der Hufmechanismus eingeschränkt ist, desto besser die Durchblutung der hornbildenden Zellen, desto bessere Voraussetzungen für eine gute Wachstumsrate der Hornstrukturen.

NÄHRSTOFFVERSORGUNG BEEINFLUSST DIE WUCHSGESCHWINDIGKEIT

Ist eine gute Durchblutung gewährleistet, spielt im nächsten Schritt die Nährstoffversorgung bei der Hornbildungsrate eine wichtige Rolle. Nur bei ausreichender Nährstofflage sind die Zellen in der Lage, sich zu teilen und Keratin und andere für den Verhornungsprozess notwendige Moleküle zu bilden. So hat ein Eiweißmangel sehr häufig auch ein verlangsamtes Hufwachstum zur Folge, eine Überversorgung kann zu einem beschleunigten Wachstum führen.

Über solche Faktoren lässt sich auch erklären, warum das Hufhorn im Winter langsamer wächst als im Sommer: Im Winter haben die Pferde in der Regel weniger Bewegung als in den warmen Monaten. Im Sommer steht meist Weidegras zur Verfügung, im Winter nur Heu. Bei Pferden, die im Sommer nicht auf die Weide dürfen oder können, kann man auch ein langsameres Hufwachstum beobachten als bei solchen mit ausgiebigem Weidegang. Dazu beeinflusst das Hormonsystem das Hufwachstum. So regt unter anderem das Hormon Prolaktin die Hufhornbildung an. Die Prolaktinbildung wird ihrerseits beeinflusst durch die Intensität des Sonnenlichts und die Tageslänge.

Unterschiede in der Wachstumsrate, unabhängig davon, ob sie mechanisch oder durch veränderte Nährstoffversorgung verursacht wurden, machen sich äußerlich häufig in „Hornringen" bemerkbar, die mehr oder weniger parallel zum Kronrand verlaufen. In Phasen schnellen Wachstums sieht der Huf dann wie eingeschnürt aus. Eine Erhebung entsteht, sobald sich die Wachstumsrate wieder verlangsamt. Da das Horn nach und nach von oben nach unten wächst, kann man anhand der Lage der Hornringe abschätzen, wann bedeutende Veränderungen waren.

> Findet man Hornringe an allen vier Hufen, dann liegt meist eine systemische Ursache vor, die beispielsweise aus der Fütterung oder dem Stoffwechsel resultiert. Die Vorderhufe zeigen diese meist deutlicher als die Hinterhufe. Ist nur ein Huf betroffen, ist es ein lokales Problem, wie zum Beispiel ein Abszess oder eine falsche Bearbeitung dieses Hufs.

So kann man bei den meisten Pferden den Beginn der Weidezeit etwa zwei bis drei Monate später deutlich an einer Einschnürung im Hufhorn sehen, die die hohe Eiweißversorgung durch das Frühlingsgras repräsentiert. Wird das Mineralfutter gewechselt oder insgesamt die Fütterung umgestellt, kann man dies ebenfalls häufig in einem solchen Ring sehen, sobald er nach unten rauswächst, dasselbe gilt für die Gabe von Medikamenten und vergleichbare Stoffwechselbelastungen. Aber auch subklinische Hufreheschübe können zu Hornringen in der Hufwand führen, da die Entzündungsprozesse in der Lederhaut zu einer erhöhten Durchblutung und damit einem beschleunigten Hornwachstum führen.

Hornringe können also ein Hinweis sein auf ständig wechselnde Nährstoffversorgung, auf Stoffwechselprobleme/-überlastung oder auf Entzündungsprozesse im Hufbereich. Insbesondere wenn viele solcher Ringe die Hufwand zieren, sollte man durch weitere Informationen zum Pferd, zu seiner Ernährung und eventuell diagnostische Daten eingrenzen, woher diese Hufringe genau kommen. Im einfachsten Fall spiegelt sich hier nur die wechselnde Heuqualität unterschiedlicher Lieferanten, im schlimmsten Fall weist es auf erhebliche Stoffwechselstörungen hin.

QUANTITÄT UND QUALITÄT GEHEN HAND IN HAND

Neben der Quantität des Hufhorns, also der Wachstumsgeschwindigkeit, wird auch die Qualität des Horns von verschiedenen Faktoren beeinflusst. Hier hat die Ernährung ebenfalls einen wesentlichen Einfluss. So ist schon lange bekannt, dass Zink neben Kupfer unter anderem im Hufbereich benötigt wird, um die Kittsubstanz zu bilden,

Große Eiweißmengen in der Fütterung sorgen für beschleunigtes Hornwachstum und können Hufringe zur Folge haben. *Foto: Christiane Slawik*

die maßgeblich zur Hornstabilität beiträgt. Organisches Selen hat hingegen einen negativen Einfluss auf die Hornqualität. Bei organischem Selen, auf Futtermitteln auch als Selenhefe deklariert, handelt es sich in der Regel um die Aminosäuren Cystein oder Methionin. Bei diesen wurde das normalerweise im Molekül der Aminosäure enthaltene Schwefelatom durch Selen ersetzt.

Keratin ist ein Eiweiß, das in der Vergrößerung wie ein langer Korkenzieher aussieht. Diese Struktur sorgt gleichzeitig für Festigkeit wie auch Elastizität. Damit diese dreidimensionale Struktur des Moleküls erhalten bleibt, werden zwischen den einzelnen Aminosäuren des Keratins Verbindungsbrücken ausgebildet, sogenannte Disulfidbrücken. Sie sind maßgeblich für die Festigkeit des Hufhorns: je mehr Disulfidbrücken, desto widerstandsfähiger das Horn. Wie der Name schon andeutet, werden diese Brücken von Schwefelatomen gebildet, wie sie in Cystein oder Methionin vorkommen, deshalb sind hornbildende Strukturen auch die größten Schwefelverbraucher im Körper. Wird jetzt über die Fütterung organisches Selen zugeführt, wird statt Cystein fälschlicherweise jetzt auch Selenocystein in das Keratinmolekül eingebaut.

Leider kann das Selen aber keine Disulfidbrücken bilden, sodass das Keratinmolekül instabil wird. Je mehr organisches Selen im Gewebe angereichert wird, desto instabiler werden die Horngebilde, damit auch das Hufhorn. Anfangs merkt man im Hufbereich noch nichts davon, aber mit der Zeit entwickeln viele Pferde nach Fütterung von organischem Selen Symptome. Oft beginnt es mit qualitativ mangelhaftem Hufhorn. Mit der Zeit kann eine subklinische Hufrehe („fühliges Laufen") entstehen bis hin zu deutlicher Hufrehe oder teilweise auch Aufreißen des Kronsaums. Die stetige Zufütterung von organischem Selen, beispielsweise über das Mineralfutter, kann mit der Zeit das Hufhorn systematisch schwächen.

BIOTIN IM FUTTER – KEIN EINFLUSS AUF DIE HORNQUALITÄT

Häufig wird dann versucht, dem durch die Zufütterung von Biotin entgegenzuwirken. Allerdings hat die Zufütterung von Biotin – entgegen landläufiger Meinung – praktisch keinen Einfluss auf die Qualität oder Bildungsrate von Hufhorn. Das hat den simplen Grund, dass man bei Pferden einen Biotinmangel selbst experimentell kaum erzeugen kann, er unter normalen Gegebenheiten überhaupt nicht auftritt. Damit die „Biotinpräparate" dennoch eine Wirkung hinterlassen, sind ihnen meist Schwefel und/oder Zink zugesetzt. Denn diese beiden Mineralstoffe haben deutlich mehr Einfluss auf die Hufhornqualität. Füttert man Schwefellieferanten wie MSM bei Pferden, die vorher organisches Selen bekommen haben, dann kann der Körper wieder normales Cystein bilden und in das neu entstehende Keratin am Kronrand einbauen: Von oben wächst wieder stabileres Hufhorn nach.

GESTÖRTE ENTGIFTUNG MACHT SCHLECHTE HUFE

Zinkmangel geht häufig einher mit einer gestörten Biotransformation in der Leber, also einem gestörten Entgiftungsstoffwechsel im Sinne einer Kryptopyrrolurie (KPU). Dieser Zustand sorgt für einen erhöhten Zinkverbrauch im Körper mit der Folge, dass weniger Zink zur Bildung der wichtigen Kittsubstanz im Hufhorn zur Verfügung steht. Das Pferd entwickelt auch in diesem Fall instabiles Hufhorn, allerdings aus einer anderen Ursache heraus. Die Folge sind dann entsprechend auch wieder meist instabiles Hufhorn, das leicht ausbricht, eine sensible Sohle („fühliges Laufen") oder eine zu schnelle Abnutzung.

Bei stoffwechselgestörten Pferden kann man auch oft beobachten, dass sie keine durchgehende Glasurschicht mehr bilden. Dabei handelt es sich um eine dünne Hornschicht, die von der Saumbandlederhaut produziert wird und die den Huf nach außen versiegelt, damit Feuchtigkeit im Horn und Bakterien draußen bleiben. Die Glasurschicht sorgt dafür, dass ein gesunder Huf immer glatt und leicht glänzend aussieht (nicht zu verwechseln mit dem Glanz von eingefetteten oder lackierten Hufen!). Während Entzündungen in der Saumbandlederhaut meist zu einer borkigen Wucherung der Glasurschicht führen, scheint deren Bildung bei vielen Pferden mit Stoffwechselstörungen derart gestört, dass sie gar nicht mehr richtig ausgebildet wird. Die Hufe sehen in der Folge trocken, stumpf und manchmal auch spröde oder rissig aus. Da hilft das schönste Polieren und Lackieren nichts – sobald der Stoffwechsel wieder in die normale Bahn zurückgebracht wird, wächst auch wieder glattes, glänzendes Horn von oben runter.

WAS HORNDEFEKTE UND MERIDIANSYSTEM VERBINDET

Hornspalten sind meist auf mechanische Probleme wie eine falsche Hufbearbeitung oder Narben im Kronrandbereich zurückzuführen. Sie gehören in die Hände von Fachleuten, die den Huf so bearbeiten, dass ihr Auftreten minimiert wird. Als Windrisse bezeichnet man hingegen feine Haarrisse, die Senkrecht vom Kronrand Richtung Boden verlaufen und nur oberflächlich sind. Sie liegen in der Regel unterhalb von Tingpunkten. Sämtliche Hauptmeridiane beginnen oder enden an den Hufen. Sie dienen der Energieversorgung und dem Abtransport verbrauchter Energie aus dem Hufbereich. Kommt es hier zu einem Stau und einer energetischen Fülle, dann sieht man das in Form von Entzündungen, beispielsweise Hufrehe. Eine energetische Leere ist schwerer zu detektieren. Windrisse geben einen guten Anhaltspunkt, dass der Meridian, der oberhalb des Risses liegt, zu wenig Energie führt.

Das hat wiederum Auswirkungen auf die Organe und den Stoffwechsel, denn die Hauptmeridiane sind nicht ohne Grund nach den Organen benannt. So ist der Magenmeridian nicht nur der Energieversorger des Knies und des Hinterhufs, sondern auch des Magens. Findet man hier einen Windriss unterhalb des Magen-Tingpunktes, kann man davon ausgehen, dass auch der Magen unter einer Energieleere leidet und bereits erkrankt sein kann.

Massiert man energetische Salben wie APM-Creme über einige Zeit regelmäßig in den Kronrand ein, dann kann man zusehen, wie an den Stellen der Windrisse geschlossenes Horn von oben nachwächst. Auch Hornspalten, die durch Narben im Kronrand verursacht werden, bessern sich oft nach dieser Behandlung. Nebenbei regt die regelmäßige Massage des Kronrandes die Durchblutung und damit das Hornwachstum an. Nicht ohne Grund gehörte zur Zeit unserer Großväter in jede Putzkiste eine kleine Wurzelbürste, mit der nicht nur täglich der Huf von Schmutz gereinigt, sondern auch der Kronrand und die Fesselbeuge einer gründlichen Bürstenmassage unterzogen wurden.

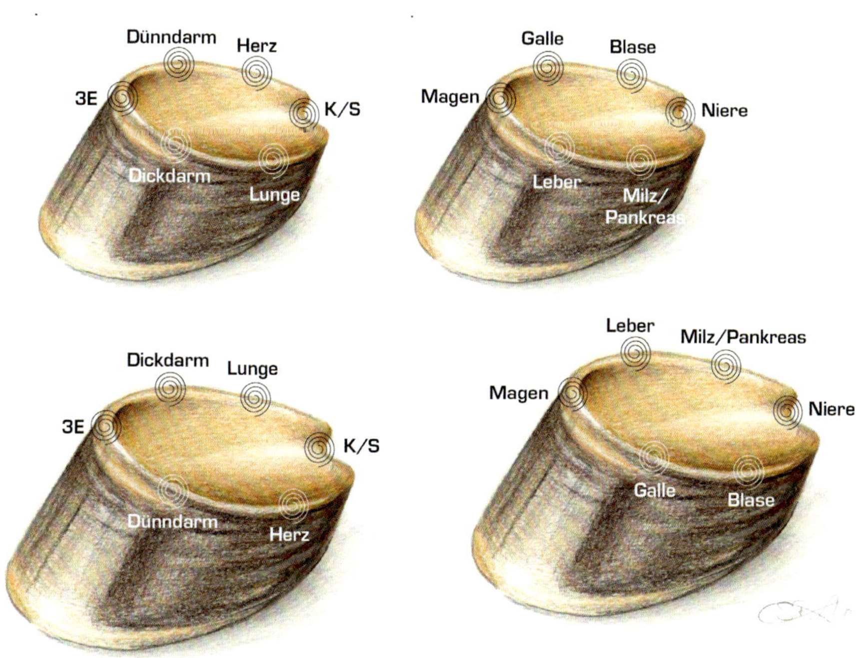

Als Tingpunkte bezeichnet man die Anfangs- oder Endpunkte von Meridianen, die im Kronrandbereich liegen. *Grafik: Susanne Retsch-Amschler*

STRAHLFÄULE, ABSZESSE & CO

Wenn die Pferde Strahlfäule entwickeln, passiert das meist im Winter auf dem matschigen Auslauf und die Schuld wird dann dem Stallbetreiber zugeschoben, der den Auslauf nicht befestigt hat. Schaut man sich aber mehrere Pferde einer Gruppe an, stellt man fest, dass einige darunter ebenso unter Strahlfäule leiden, andere bei derselben Haltung aber keine Probleme haben. Der Unterschied liegt hier meist darin, dass die einen ein fittes Immunsystem haben, die anderen nicht.

Das Immunsystem ist die komplexe Schutztruppe des Körpers, die aus verschiedenen Organen, Zellen und chemischen Botenstoffen besteht und letztlich dazu dient, eindringende Krankheitskeime zu bekämpfen. Das tut das Immunsystem auch im

Matschausläufe alleine machen noch keine Strahlfäule. Damit sich diese Keime im Horn festsetzen können, muss auch noch ein schwächelndes Immunsystem vorliegen. *Fotos: Hans J. Schmidtke*

Bereich des Hufs. Die immunaktiven Zellen (Lymphozyten) werden mit dem Blutstrom in die Hufkapsel transportiert und können dort aktiv aus den Blutkapillaren austreten und sich durch das Gewebe der Lederhaut bewegen. Sie kriechen zwischen die Zellen der Oberhaut und „fressen" eindringende Bakterien und Pilze auf.

Je mehr der Huf in Feuchtigkeit steht, desto mehr quillt das Horn, sodass Fäulniskeime leichter einwandern können. Ein aktives Immunsystem stoppt diese jedoch sofort, sodass es gar nicht erst zur Ausbildung von Strahlfäule kommt. Bei Pferden mit geschwächtem Immunsystem schaffen es die Immunzellen aber nicht, effektiv alle Fäulniskeime aufzufressen, und damit kommt es zum Hornzerfall und dem damit einhergehenden typischen Fäulnisgeruch, wenn man die Hufe auskratzt. Statt auf den matschigen Auslauf zu schimpfen, sollte man sich fragen, warum das Immunsystem des betroffenen Pferdes sich nicht ausreichend um die Fäulniskeime kümmern kann.

Die Antwort findet man – wie so oft bei Stoffwechselfragen – im Darm. Etwa 70 Prozent des Immunsystems des Pferdes befinden sich in der Darmwand. Läuft es hier schief, beispielsweise durch falsche Futtermittel wie Heulage oder chronischen Stress, kommt es zu Dysbiosen („Fehlgärungen") und damit zu Darmschleimhautentzündungen. Die normalerweise fest gepackten Zellverbände der Darmwand lösen sich („Leaky-Gut-Syndrom") und Krankheitskeime können vom Darm in den Körper gelangen. Aus diesem Grund wird das Immunsystem dann rund um den Darm zusammengezogen, denn solches Einwandern von Keimen ist lebensgefährlich. Entsprechend fehlen diese Immunzellen dann im Huf.

Hufabszesse können mechanische Gründe wie Quetschungen haben, sie können auch durch das Eintreten von Fremdkörpern entstehen. Häufig treten sie aber auch in Zusammenhang mit einer gestörten Entgiftung oder einer gut gemeinten, aber leider falsch angesetzten Entgiftungskur auf. Der erste Abszess kann noch Zufall sein, aber spätestens beim dritten innerhalb kurzer Zeit sollte man doch mal darüber nachdenken, was da im Stoffwechsel schiefläuft.

Deshalb das nächste Mal beim Hufeauskratzen oder beim Besuch des Hufbearbeiters ruhig mal ein bisschen genauer hinschauen, was der Huf des eigenen Pferdes über dessen Stoffwechsel erzählt.

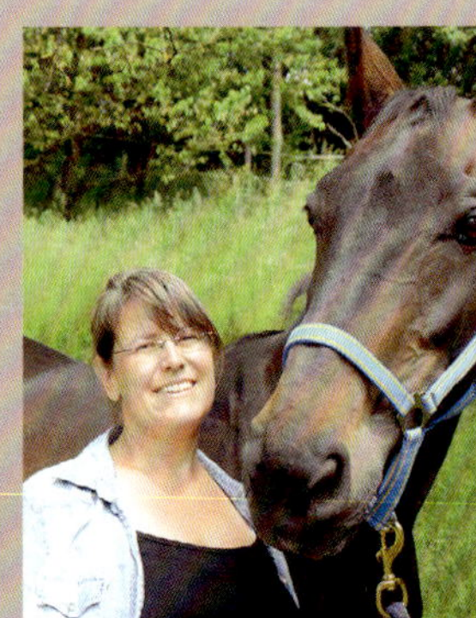

Dr. Christina Fritz studierte Biologie mit anschließender Promotion. Nach vielen Aus- und Weiterbildungen im alternativtherapeutischen Bereich führt sie seit über zehn Jahren eine Praxis für integrierte Pferdetherapie. Darüber hinaus hält sie Vorträge, Fortbildungen und Webinare über artgerechte Pferdefütterung und -haltung. Sie ist Autorin mehrerer Fachbücher wie „Zivilisationskrankheiten bei Pferden" und „Kinesiologie am Pferd" und betreibt die Gesundheitswebsite wissen.sanoanimal.de. **www.christinafritz.de**

Liebe, die man schmecken kann
unsere Keks-Backmischung
für alle Herzenspferde
MERRY CHRISTMAS
Jetzt bestellen: www.okapi-online.de
OKAPI

Gesunde Hufe – gute Hornqualität

Welche Pflanzen helfen können

von Manfred Hessel

Bis in die Mitte des letzten Jahrhunderts war die Hufqualität ein wichtiges Auslesekriterium in der Pferdezucht. Nur mit gesunden Hufen konnten von Pferden die schier unglaublichen Leistungen in allen Bereichen unserer Zivilisation erbracht werden. Die Muskelkraft von Pferden lieferte nahezu sämtliche Energie für alles, was bewegt werden musste. Doch gute Hufqualität hängt von vielen Faktoren ab.

Trotz vieler Berechnungen der Futterrationen und Ergänzungen haben wir heute zahlreiche Hufprobleme. Oft wird versucht, sie mit Pflegeprodukten zu kaschieren. Gesunde Hufe setzen aber gesundes Horn voraus. Das kommt von innen und ist die Folge optimierter Nährstoff- und Vitalstoffversorgung, dem Bedarf der Hufe entsprechend, die Hufpflege kommt gesondert dazu.

Für die Bildung des Horns braucht der Körper bestimmte Nährstoffe und Vitamine, von denen alle im Futter enthalten sein müssen. Deswegen schauen wir in die Natur, schauen, was wächst, wann und wo es wächst und wann es gefressen wird.

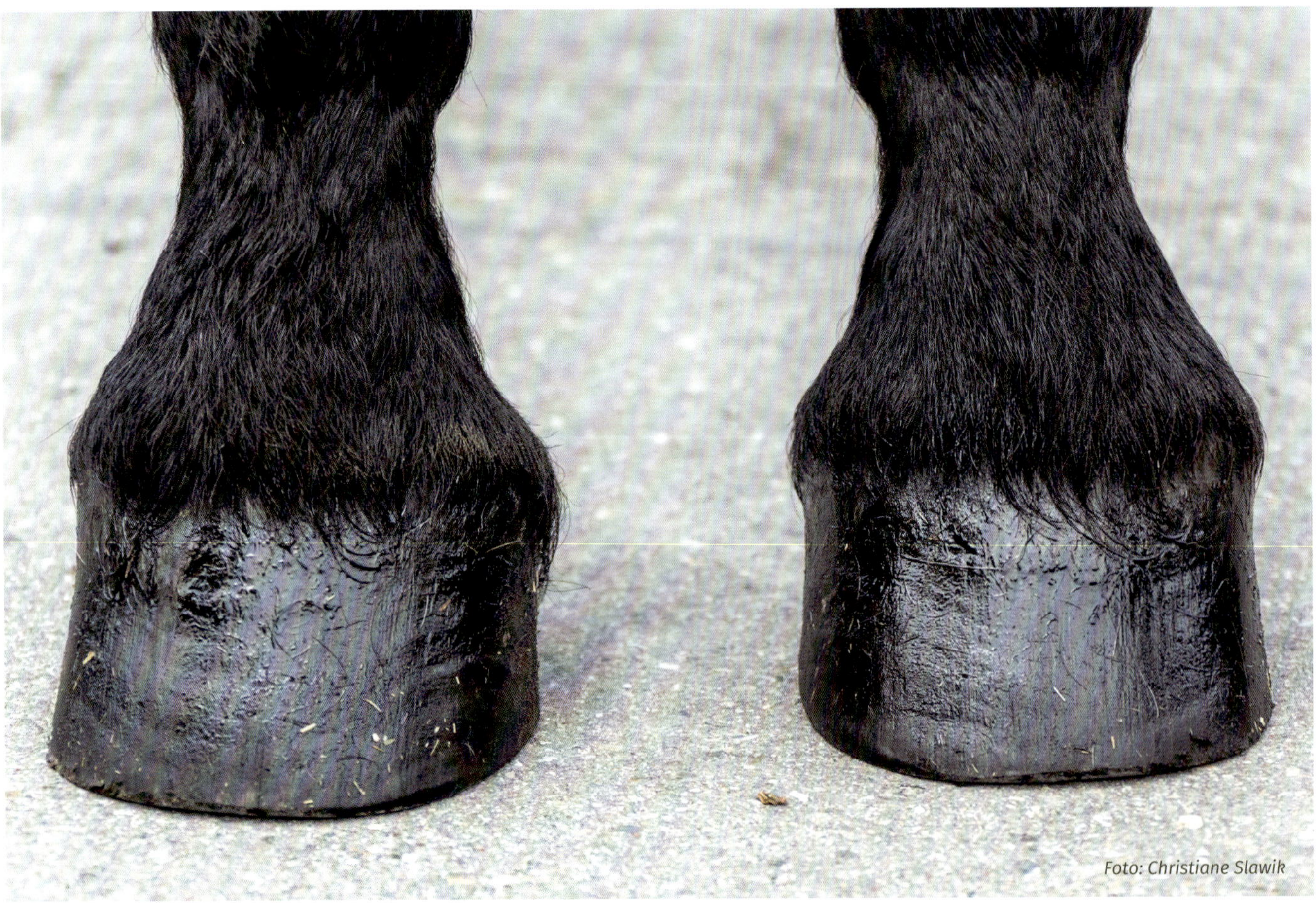

Foto: Christiane Slawik

Von den Nordseeinseln bis zum Bodensee gibt es zahlreiche Naturschutzprojekte mit frei lebenden Robust-Pferden, die durch Beweidung die halb offenen Landschaften pflegen. Sie fördern durch das Abweiden von Gras und Kräutern deren Regeneration und verhindern die Verbuschung von Wiesenflächen. Sie fressen in besonderen Situationen spezielle Pflanzen, die sonst nicht auf ihrem Speiseplan stehen und die sie sozusagen als Automedikation instinktiv zu sich nehmen. Hierzu gehören unter anderem Adlerfarn, Holunder, Ginster oder Rainfarn. Das sind Pflanzen, die zwar in geringen Mengen eine therapeutische Wirkung entfalten, die Sie Ihren Pferden trotzdem besser vorenthalten sollten!

Die Wiesen in den Naturschutzgebieten haben mit unseren heutigen Pferdeweiden wenig gemein. Auf den extensiv genutzten Flächen wachsen 50 bis 80 verschiedene Pflanzenarten, bezogen auf Referenzflächen von 25 Quadratmetern. Intensiv genutzte Pferdeweiden schaffen inklusive der Grasmischung 10 bis 20 Arten, darunter sind dann viele Kräuter, die von den Pferden eher gemieden werden, wie Sauerampfer, Jakobs-Kreuzkraut oder Rainfarn.

Nun sind die intensiv genutzten Weiden heute eher die Regel. Sie brauchen starkwüchsige Gräser, um bei dichtem Bestand eine einigermaßen trittresistente Grasnarbe zu bilden und um die Pferde hinreichend zu sättigen. Magere, aber artenreichen Wiesen gibt es auch heute noch, sie kommen zum Beispiel im Hunsrück vor, auf der Schwäbischen Alb oder am Rennsteig im Thüringer Wald. Diese kräuterreichen Wiesen bringen zwar nicht die großen Erträge, aber ein sehr artenreiches Heu.

Mangelnde Artenvielfalt

Pferde fraßen früher nicht nur auf der Weide, sie fanden zusätzliche Nahrung auch an Bäumen, Hecken und Wegrändern. Nach wie vor kann man beobachten, wie Pferde, wenn sie die Gelegenheit dazu haben, an Wegsäumen, Sträuchern und Bäumen nach Futter suchen. Gelegentlich haben Pferde auch Stellen, an denen sie gezielt Erde aufnehmen. Dabei handelt es sich entweder um sehr humosen Waldboden oder um lehmige Erde. Die humose Erde wird aufgenommen, um die Darmflora zu stabilisieren und um den Säure-Basen-Haushalt zu regulieren. Die Lehmerden wirken toxinbindend. Giftstoffe werden im Darm fest an die Lehmpartikel gebunden und können dann stoffwechselneutral ausgeschieden werden.

Das heutige Weidegras hat nicht mehr den Artenreichtum wie vor 30 Jahren. Sekundäre Pflanzenstoffe aus Kräutern fehlen auf den Weiden und im Heu. *Foto: Christiane Slawik*

Wenn wir die Hufe unserer Pferde anschauen, so können wir darin lesen wie in einem Tagebuch. In den Zeiten des Fellwechsels herrscht ein erhöhter Nährstoffbedarf und wenn die Versorgung jetzt knapp oder gar defizitär ist, dann fehlt es im Fell und man sieht es deutlich an den Linien in den Hufen. Schauen wir raus in die Natur. Nach der kargen Zeit des Winters bietet der Frühling eine Fülle an Nahrung. Frisches Grün wächst und keimt, Knospen schwellen und sind voller Energie, es gibt eine große Anzahl blühender Kräuter, reich an Blütenpollen, Nektar und den davon lebenden Insekten.

Im Herbst strotzt das bunte Falllaub vor Antioxidantien und sekundären Pflanzenstoffen. Außerdem ist dieses Laub besiedelt von kleinen Schnecken, Spinnen, Insekten und Würmern, die von den Pferden mitgefressen werden und die als Lieferanten der essenziellen Aminosäuren unverzichtbar sind. Dazu kommt die reiche Ernte an Früchten, Samen, Wurzeln. Pferde sind beim Abweiden von Hecken und beim Fressen der Beeren und Früchte äußerst geschickt, sie verletzen sich dabei auch nicht an den Dornen. Wenn ihnen danach ist, scharren sie mit ihren Hufen die Wurzelköpfe von Rüben und Knollen frei und holen sich die dort gespeicherten Stoffe.

Knospen, Rinden und Zweige sind wertvolles Futter

In den Knospen sitzt die geballte Kraft der kommenden Blüten und Blätter, sie sind energiereich und voller Vitalstoffe. Junge Zweige bieten im grünen Rindengewebe zahlreiche Mineralstoffe und Spurenelemente und deswegen ist es unbedingt sinnvoll, geeigneten Gehölzschnitt anzubieten. Die Pferde zerkauen zum Beispiel Birkenäste bis Armdicke restlos, sie schleifen dabei auch ihre Zähne richtig ab.

Mit dem abgestorbenen Rindengewebe, der Borke, schützt sich der Baum nach außen vor eindringenden Käfern, Keimen und Pilzen. Rinden haben oft einen hohen Gehalt an phenolischen Substanzen und an Gerbstoffen. Sie helfen, die Darmschleimhaut zu schützen und zu regenerieren, reduzieren Verpilzungen und helfen, Parasiten auszutreiben.

Im Merfelder Bruch kann man bei den Dülmener Pferden beobachten, dass sie hin und wieder Eichenrinde knabbern, um sich zu entwurmen. Birkenrinde wird in manchen Wintern verstärkt aufgenommen, um die Ausleitung über Haut und Nieren zu unterstützen und um den Sonnenschutzfaktor der Haut zu verbessern. Das ist im sonnenreichen Winter, wenn die UV-Strahlung durch eine Schneedecke mehrfach reflektiert wird, eine große Hilfe für die Pferde.

Weiden, Weidenrinde (Salix spec.)

Foto: www.shutterstock.com/shansh23

Kaum ein Baum oder Strauch ist bei uns so verbreitet wie die Weide. Früher lieferte sie mit ihren Ruten wichtige Rohstoffe für alle Arten von Korbgeflechten. Gleichzeitig reduzierte die Weide in sumpfigen Böden den Wassergehalt, alte Kopfweiden an Gräben zeugen bis heute davon. An ihren feuchten Standorten kann sie sich durch Gerbstoffe und Salicylate gegen Keime und Pilze verteidigen. Die Inhaltsstoffe der Weide werden erst in der Leber zu Salicylsäure abgebaut, deswegen reizt Weidenrinde nicht die Schleimhäute. Pferde knabbern gerne an Weidenrinde, sie verbessert die Durchblutung im ganzen Organismus, gerade auch im Bereich der Extremitäten. Deswegen ist Weidenrinde bei allen Hufproblemen eine gute Begleitung, sie verbessert die Ver- und Entsorgung und hilft, dass Stoffwechselprodukte über die normalen Ausleitungswege ausgeschieden werden können.

Mädesüß (Filipendula ulmaria)

Foto: Uwe Lochstampfer

An denselben feuchten Standorten der Weidenbäume finden wir auch das Mädesüß. Es ist ebenso reich an Salicylaten, besonders im blühenden Kraut. Frisch ist es den Pferden oft zu bitter, doch wenn das Mädesüß verblüht ist, fressen die Pferde, die unter Schmerzen leiden oder Durchblutungsprobleme haben, die vertrockneten Blüten und das Kraut gerne. Das habe ich mehrfach in einer Pferdeklinik beobachten können, wo die Pferde zur Hufbehandlung hinkamen. Auch, dass neu hinzugekommene Pferde nach kurzer Zeit dieses Fressverhalten erlernt und übernommen haben. Mädesüß wächst auf nährstoffreichen Feuchtwiesen. Nach dem zögerlichen

Ausbilden einer Blattrosette schießt im Juni/Juli der bis zu 1,50 Meter hohe weiße Blütenstand über die anderen Pflanzen empor, weswegen in vielen europäischen Sprachen der schöne Name Wiesenkönigin existiert.

Die bessere Versorgung, gerade im Bereich der Haut und der Beine, verhilft Pferden, die Probleme mit Gelenken oder Hufen haben, zu mehr Beweglichkeit und Lebensqualität. Wichtig! Sportpferden sollte 48 Stunden vor einem Turnier kein Mädesüß gegeben werden, das gilt auch für die Weidenrinde!

Hagebutte (Rosa canina)

Foto: www.shutterstock.com/Julia Reschke

Die Früchte der Wildrose (Heckenrose oder auch Hundsrose) nennt man Hagebutten. Sie sind reich an Vitamin C, an Pektinen und Carotin. Die Hagebutte sorgt für stabile Kapillargefäße. Dadurch wird die Durchblutung verbessert, die Haar-Follikel werden besser versorgt und die Huflederhaut wird gut durchblutet. Hagebutten sorgen dafür, dass die Nährstoffe im Organismus dorthin gelangen, wo sie gebraucht werden. Pferde können auch die Hagebutten von Zierrosen fressen, sie sind nicht giftig, wie oft vermutet wird, aber sie werden meist verschmäht. Wer eine Hagebuttenhecke an der Koppel hat, wird sich wundern, wir geschickt die Pferde die Hagebutten ernten können. Die weichen Austriebe der Wildrose werden im Frühjahr zum Teil verbissen, sodass Sie sich über den Rückschnitt der Hagebutte keine Gedanken machen müssen. Wenn Sie regelmäßig Hagebutten verfüttern, dann wird Ihr Hufschmied oder Hufpfleger das sehr bald an der Qualität des Hufhorns feststellen. Hagebutten werden in der Vollreife, kräftig rot, geerntet und getrocknet. Dabei werden diese fast schwarz. Die kleinen, dann sehr harten Früchte werden von manchen Pferden als Steine wahrgenommen und aussortiert. Man kann die getrockneten Früchte in diesen Fällen eingeweicht verfüttern oder auch geschrotete Hagebutten geben.

Weißdorn (Crataegus)

Foto: Uwe Lochstampfer

Die Weißdornblätter gehören zum ersten Grün des Frühlings und die kräftig roten Beeren zeigen den Beginn des Herbstes an. Ihre blutrote Farbe ist ein Hinweis auf die kreislaufregulierende Wirkung des Weißdorns, die in Blatt, Blüte und Beere zu finden ist. Der Weißdorn schützt sich und seine wertvollen Inhaltsstoffe mit Sprossdornen. Diese Dornen sind die Knospen für die kommenden Blüten und Blätter. Deswegen können Pferde die Blätter und Blüten im Frühling an den jungen Zweigen problemlos abweiden. Weißdorn hat mit seinen stark gebuchteten Blättern und den dornigen Zweigen eine besonders hohe Oberfläche, er bindet sehr viel Staub aus der Luft und er leitet Elektrosmog ab.

Birke (Betula pendula)

Foto: www.shutterstock.com/LedyX

Kaum ein Baum begegnet uns fröhlicher als die Birke, ist sie doch mit ihrem hellen Grün der Inbegriff des Frühlings. Ihre weiße Rinde macht sie unverwechselbar, selbst botanische Laien können sie erkennen. Zu der Familie der Birkengewächse gehören auch die Erle, die Hasel und die Hainbuche.

Die Medizin hat sie lange ignoriert und erst moderne Forschungsergebnisse konnten die Wirkungsprinzipien erklären, die die Erfahrungsmedizin schon längst kannte. Die Blätter der meisten Birkenarten enthalten vor allem Flavonoide, außerdem Saponine, Gerbstoffe, ätherischen Öle und Vitamin C.

Vor allem die Flavonoide, sie sind in den Blättern und in der Rinde enthalten, erhöhen die Harnmenge und verbessern die Durchströmung der Harnwege und der Hautporen, sodass es zu einer vermehrten Wasserausscheidung kommt. Birkenblätter werden zur Durchspülung bei bakteriellen und entzündlichen Erkrankungen der ableitenden Harnwege und bei Nierengrieß angewandt. Pferden, die zu Ekzemen neigen, hilft die Birke, das Allergenpotenzial im Bindegewebe unter der Haut zu reduzieren.

Hasel (Corylus avellana)

Von den heimischen Bäumen und Sträuchern besitzt die Hasel eine besondere Anziehungskraft. Ihre Spiritualität ermöglicht den Kontakt mit der Anderswelt. Nach wie vor schätzen Rutengänger Haselzweige als Wünschelrute, um besondere Spannungsfelder anzuzeigen.

Wie alle Nüsse sind Haselnüsse reich an Mineralien und Spurenelementen, insbesondere Kalium, Calcium und Phosphor, Eisen, Zink und Magnesium, dazu die Vitamine A und E, B-Vitamine und Folsäure. Sie enthalten Flavonoide, ätherische Öle und Harze. Diese Inhaltsstoffe finden wir auch in den Blättern und in der Rinde. Haselstämme sterben nach 30 bis 50 Jahren ab und werden dann durch junge Triebe ersetzt. So sieht die Hasel immer jung aus, kann aber doch mehrere Hundert Jahre alt sein. Haselnüsse und Hasellaub stärken die Knochenfestigkeit und helfen bei der Regulierung des Blutdrucks. Der Tee aus Haselblättern und -rinde wird bei Pferden genutzt für Waschungen, als Breiumschlag oder als Kräuteranguss bei Durchblutungsproblemen und bei Entzündungen im Bein- und Hufbereich.

Foto: www.shutterstock.com/IULIIA GUSEVA

Ackerschachtelhalm (Equisetum arvense)

Schachtelhalme gehören entwicklungsgeschichtlich mit zu den ältesten höheren Pflanzen. Der Ackerschachtelhalm enthält etwa zehn Prozent mineralische Bestandteile mit einem hohen Anteil an löslicher Kieselsäure, sie wirkt stärkend auf Bindegewebe, Knochen, Hufe und Haare. Das Kraut als Futter und der Tee werden bei bakteriellen und entzündlichen Erkrankungen zur Durchspülung der Harnwege und bei Nierengrieß verwendet. Die Wirkung des Siliziums auf die Spannkraft der Haut gilt auch für die Schleimhäute der Bronchien und der Blase, deswegen wird Ackerschachtelhalm auch bei chronischen Bronchialproblemen und bei Blasenschwäche eingesetzt. Im Gegensatz zum giftigen Sumpfschachtelhalm *(Equisetum palustre)* enthält Ackerschachtelhalm kein Palustrin. Wichtig! Um Verwechslungen zu vermeiden, sammeln Sie Ackerschachtelhalm nicht selbst.

Foto: Uwe Lochstampfer

Foto: Uwe Lochstampfer

Hornqualität von Pferden mit chronischer Phlegmone, da bei diesen Pferden der Lymphabfluss massiv gestört ist. Wenn wir uns klarmachen, dass den Gräsern, so wie vielen anderen kultivierten Pflanzen, die Bitterstoffe weggezüchtet wurden, dann überrascht die Gier, mit der manchmal bittere Pflanzen gefressen werden, überhaupt nicht. Sie sind für den Stoffwechsel einfach notwendig.

Es gibt noch so viele verschiedene Pflanzenarten, Kräuter und Sträucher, die einen positiven Einfluss auf den Stoffwechsel beziehungsweise auf das Hufwachstum haben. Bieten Sie Ihren Pferden mehr als einseitige Weide und Heu an. Zur artgerechten, naturnahen Ernährung gehören Vielfalt und Abwechslung im Jahresverlauf. Beobachten Sie, was sie von sich aus suchen und fressen wollen, daraus lassen sich spannende Rückschlüsse auf den Bedarf und auf den Gesundheitszustand Ihres Pferdes ziehen.

Andorn (Marrubium officinale)

Eine leider in Vergessenheit geratene Heilpflanze ist der Andorn oder Weißer Dorant, ein bitteres Kraut (Amara) mit einer starken Wirkung auf die Gallensekretion. Andorn löst in den Bronchien festsitzenden Schleim und hilft, wie viele Bitterkräuter, den Säure-Basen-Haushalt zu regulieren. Mit seiner anregenden Wirkung auf die Milz stärkt der Andorn auch den Lymphfluss, unterstützt das Immunsystem und wirkt gegen Entzündungen.

Andorn ist mit seiner besonderen Wirkung gerade auf den Lymphfluss ein ausgesprochen wertvolles und nützliches Kraut. Denn ein gut funktionierendes Lymphgefäßsystem fördert die Entsorgung von Stoffwechselprodukten im Huf und verbessert damit indirekt die Ernährung des Hufhornes. Dies ist gut zu erkennen an dem schlechten Hufwachstum beziehungsweise der schlechten

Foto: PerNaturam

Manfred Hessel interpretiert als Diplom-Ökologe regionale Florentypen und achtet dabei auf jahreszeitliche Rhythmen in der Ernährung. Als Geschäftsführer der PerNaturam GmbH entwickelt er Kräutermischungen für Pferde, Hunde, Katzen und Geflügel. Seine Rezepturen sind in ihrer Zusammensetzung der Natur abgeschaut. Durch seine akademische Phytotherapie-Ausbildung und den mehrere Jahrzehnte langen Dialog mit Tieren und ihren Haltern hat er ein umfangreiches Wissen über Pflanzen und die Anwendung am Tier zusammengetragen. Er betreut am Firmenstandort im Hunsrück einen zwei Hektar großen Lehr- und Schaugarten mit über 250 Heilpflanzenarten und gibt dort Seminare und Fortbildungen.
www.pernaturam.de

Problemlos Barhuf

Vorteile für Hufqualität und Hufbiomechanik

von Dr. Konstanze Rasch

Foto: Dr. Konstanze Rasch

Barhufgehen ist natürlich und gesund. Das liegt doch auf der Hand, so die Befürworter der Unten-ohne-Kultur. Schön und gut, hält die restliche Pferdewelt dagegen, aber unter den heutigen Nutzungs- und Haltungsbedingungen leider oft nicht machbar. Was ist dran an beiden Seiten? Inwiefern profitiert ein Pferd vom Barhufgehen und wo liegen in der heutigen Zeit dessen Grenzen?

Bestimmte positive Eigenschaften des Barhufs sind allgemein bekannt und in jedermanns Bewusstsein, andere dagegen befinden sich fast noch im Zustand eines Geheimwissens. Zu den bekannten Vorteilen des Barhufs zählen: der uneingeschränkte Hufmechanismus, die bessere Durchblutung, das Ausbleiben einer zusätzlichen Gewichtsbelastung und das Wegfallen stärkerer Erschütterungen auf harten Böden sowie die geringere Verletzungsgefahr für das Pferd selbst, seine Artgenossen und den Menschen.

Weniger bekannt sind allerdings folgende Vorteile: der nur am Barhuf vorhandene vollumfängliche Tastsinn und die Fähigkeit des Barhufs, sich an den Boden „anzuschmiegen". Nahezu unbekannt bzw. unbeachtet ist bisher, dass der Hufbearbeiter mit dem Barhuf vorteilhafter umgehen kann als mit dem beschlagenen Huf. Das macht es leichter und sicherer, Pferdehufe in ihrer Form und Funktionsfähigkeit zu erhalten oder auch zu verbessern, weswegen der Barhuf selbst auch ein ausgezeichnetes therapeutisches Potenzial besitzt.

Hufmechanismus und Durchblutung

Das Wissen, dass der Huf des Pferdes kein starres und unnachgiebiges Gebilde ist, sondern vielmehr eine gewisse Elastizität besitzt, ist nunmehr 260 Jahre alt und geht auf den Franzosen Etienne Guillaume Lafosse (1754) zurück. Diese Entdeckung revolutionierte das Hufbeschlagwesen. Die eigentliche Qualität der Einschränkung der Hufelastizität durch das Eisen wird aber erst dann sichtbar, wenn man sich vor Augen führt, dass der Pferdehuf zu weit mehr in der Lage ist als zu einem Hufmechanismus. Der Bau der Hornkapsel und die Aufhängung des Hufbeines durch den Hufbeinträger ermöglichen dem unbeschlagenen Pferdehuf eine dreidimensionale Beweglichkeit. Diese unterscheidet sich je nach konkreter Form und Beschaffenheit der Hufe, des Bodens, der Gangart und ist abhängig vom individuellen Gangmuster eines Pferdes. Der eine Huf tut nicht, was der andere tut, und ein und derselbe Huf erfährt eine andere Bewegung, wenn unter ihm der Boden oder über ihm die Gangart wechselt. Im Begriff „Hufmechanismus" wird allerdings gänzlich von der Vielfalt wie von der Dreidimensionalität abstrahiert und die Eigenbewegungen des Hufes werden auf das Aufweiten und Verengen des hinteren Hufbereiches reduziert. Ein korrekt aufgebrachtes Hufeisen behindert diesen Hufmechanismus – allen gegenteiligen Behauptungen zum Trotz – nicht. Allerdings hebt es bedingt durch sein unelastisches (weil metallenes) Material die Dreidimensionalität der Hufbewegung auf.

Mit einem Hufeisen gehen dem Pferd allein aus diesem Grund drei gesundheitliche Vorteile verloren. Das betrifft die Durchblutung, den Tastsinn und die Kompensationsfähigkeit des Hufes in Bezug auf Bodenunebenheiten.

Ein reger Blutfluss sorgt für eine gute Nährstoffversorgung im Huf und ist die Voraussetzung für die Bildung widerstandsfähiger Hornstrukturen. Im Zusammenhang mit dem Konstrukt Hufmechanismus wurde im 19. Jahrhundert die Vorstellung vom Huf als einer Art „Saug- und Druckpumpe"

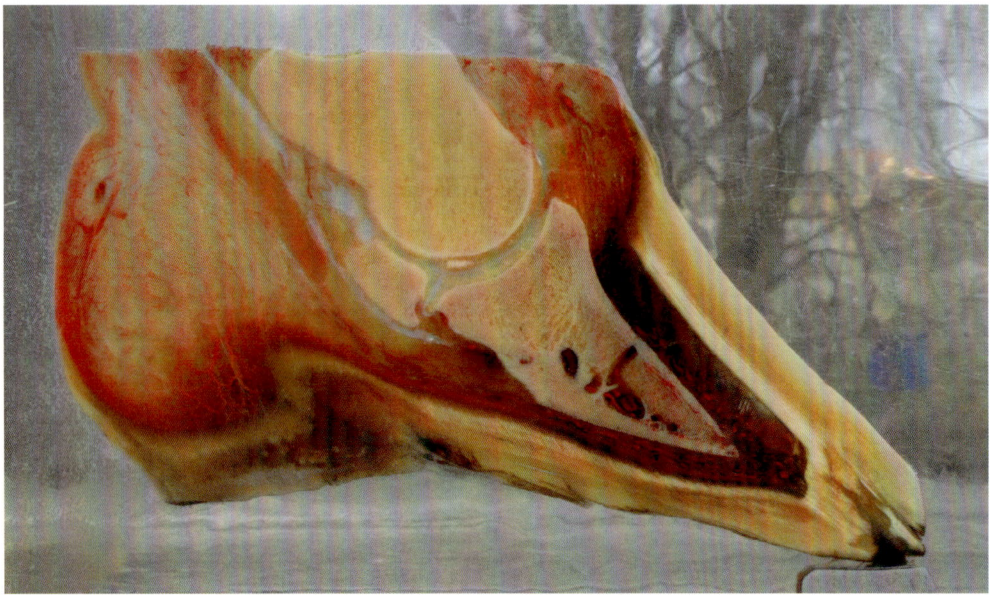

Direkt unter dem schützenden Hornmantel befindet sich ein dichtes und weitverzweigtes Kapillarnetz. *Foto: Dr. Konstanze Rasch*

geboren, die sich wie die Vorstellung vom Hufmechanismus bis heute hartnäckig hält. Dabei gibt es ganz konträre Ansichten zur Funktionsweise dieser „Blutpumpe". Auf der einen Seite steht die Behauptung, dass die bei Belastung stattfindende Trachtenweitung das Blut in den Huf einströmen lässt, auf dass es bei der Entlastung wieder herausgepresst wird, auf der anderen Seite verhält es sich genau umgekehrt und es wird behauptet, dass die Belastung des Hufes für den Rücktransport des Blutes aus dem Huf sorgt und dieses dann wieder in den entlasteten Pferdehuf zurückströmt. Immer und in jedem Fall ist es nach herrschender Meinung das Aufweiten der hinteren Seiten- und Trachtenwände, das den wesentlichen Beitrag zu diesem Pumpmechanismus liefert.

Wenn dem tatsächlich so wäre, dann muss man sich allerdings die Frage vorlegen lassen, wie all die Ponys mit ihren steilen und engen Hufen eigentlich zu ihrem harten und kräftig wachsenden Horn kommen. Und auch Großpferde haben mitunter enge, steile Hufe, sei es rassetypisch bzw. erblich bedingt oder erworben. Manchmal ist auch ein und dasselbe Pferd auf der einen Seite mit einem flachen, trachtenweiten und auf der anderen Seite einem steilen, trachtenengen Huf ausgestattet. Man kann jedoch nicht beobachten, dass der steile Huf (welcher ohne Hufmechanismus auskommen muss) im Wachstum oder in der Hornqualität zurückbleibt. Die Blutpumpe gehört zusammen mit dem Hufmechanismus, um es deutlich zu sagen, auf den Misthaufen der Pferdegeschichte.

Wie ist es wirklich?

Es ist die dreidimensionale Biomechanik, die die Durchblutung im Hufinneren anregt. Die vielgestaltigen Bewegungen des Hufes sorgen für eine stetige „Massage" der Lederhäute und regen so die Durchblutung an. Sie lassen die Gefäßdurchmesser der Kapillaren im ständigen Wechsel größer und wieder kleiner werden, das Blut strömt ein und wird wieder herausgepresst, je nachdem, ob ein Zug oder Druck die Lederhautblättchen und -zöttchen in diese oder jene Richtung bewegt, sie weitet oder komprimiert. Das ist der Grund, weshalb Barhufe (so deren Pferde die Chance zur Bewegung haben) in der Regel besseres Horn besitzen als eisenbeschlagene Hufe. Das Spiel der Trachten (sprich der Hufmechanismus), welches auf dem Eisen möglich ist, ersetzt nicht die Leistung der dreidimensionalen Barhufbiomechanik für die effektive Durchblutung und Nährstoffversorgung des Hufes.

Vorteile des Barhufgehens

Kein Gewicht, kein Klirrfaktor, kein Waffenschein – auch dies sind unschätzbare Vorteile des Barhufgehens für das Pferd. Was für manch einen ehrgeizigen Dressur- oder Gangpferdereiter kein Grund zur Freude ist, ist für das Pferd Gesundheitsvorsorge pur. Denn das zusätzliche Gewicht der Hufeisen verändert die Bewegung der Gliedmaßen, da es die Trägheit der Pferdezehe erhöht. Hufe und Beine werden höher gehoben, Beugung und

Streckung der Gliedmaßengelenke in der Hangbeinphase werden durch das erhöhte Gewicht beeinflusst. Was der Mensch mitunter absichtlich herstellt und als „Verbesserung der Gangart" interpretiert, ist der Gesundheit des Pferdes selbst keineswegs zuträglich. Vor allem der bewusste Einsatz von Gewicht zur Beeinflussung des Ganges ist ein Baustein zur Entstehung innerer Läsionen des Beines.

Auch für die Einsparung des Klirrfaktors würde das Barhufpferd Bonuspunkte seiner Krankenkasse erhalten. Aus der Humanmedizin ist bekannt, dass hohe Schwingungen negative Auswirkungen auf den menschlichen Organismus haben. Und diese Schwingungen erhöhen sich, wenn der Huf mit einem Eisen beschlagen wird. Bei einem trabenden eisenbeschlagenen Pferd ist das Bewegungssystem immerhin doppelt so stark belastet wie beim barhufigen Pferd.

Auch Sozialboni kann ein Barhufpferd für sich verbuchen, und das selbst dann, wenn es gar nicht zu den freundlichen und rücksichtsvollen Artgenossen gehört. Ein mit gleicher Absicht und Kraft ausgeführter eisenbewehrter Tritt hat aller Wahrscheinlichkeit nach verheerendere Folgen als ein Barhuftritt, weshalb viele Offenstallbetreiber in ihren Herden zu Recht Wert auf eisenfreie Pferde legen.

Tastsinn und „Anschmiegen"

Barhufpferde fühlen den Boden. Das ist eine Tatsache und ein beachtlicher Vorteil, der leider oft nur negativ wahrgenommen wird. Dieses Gespür für den Boden gibt dem Pferd Orientierung und Aufschluss über die Bodenbeschaffenheit und trägt zum sicheren und fließenden Gang des Pferdes bei. Der Huf beherbergt in seinem Inneren sensorische Nervenfasern, die der Tast- und Schmerzempfindung dienen, wie auch Mechanorezeptoren, die Druck und Zug registrieren und für die propriozeptive Wahrnehmung (Eigenwahrnehmung) im Stand und in der Bewegung sowie – durch die sekundenschnelle Signalübermittlung zum Rückenmark – für eine entsprechende Reaktion des Pferdes sorgen. Der Tastsinn ist keineswegs nur auf die Hufunterseite, Sohle und Strahl, beschränkt. Auch die Bewegungen der Hornwand informieren das Pferd über die aktuelle Bodenbeschaffenheit. Optimal funktioniert dies beim Barhuf. Wird ein Hufeisen aufgebracht, werden die vertikalen Verwindungen der Hornkapsel verhindert und punktuelle Krafteinwirkungen ausgeschaltet. Die direkten über das Hufhorn vermittelten sensorischen Empfindungen sind damit herabgesetzt. Das ist mitunter durchaus beabsichtigt, nämlich immer dann, wenn über den Beschlag die Fühligkeit des Pferdes ausgeschaltet werden soll. Man sollte sich jedoch immer auch dessen bewusst sein, dass man damit einen durchaus sinnvollen Schutzmechanismus des Pferdehufes umgeht. Denn wenn die vom Untergrund übermittelten sensorischen Inputs im Pferdehuf fehlen, steigt die Gefahr von Verletzungen.

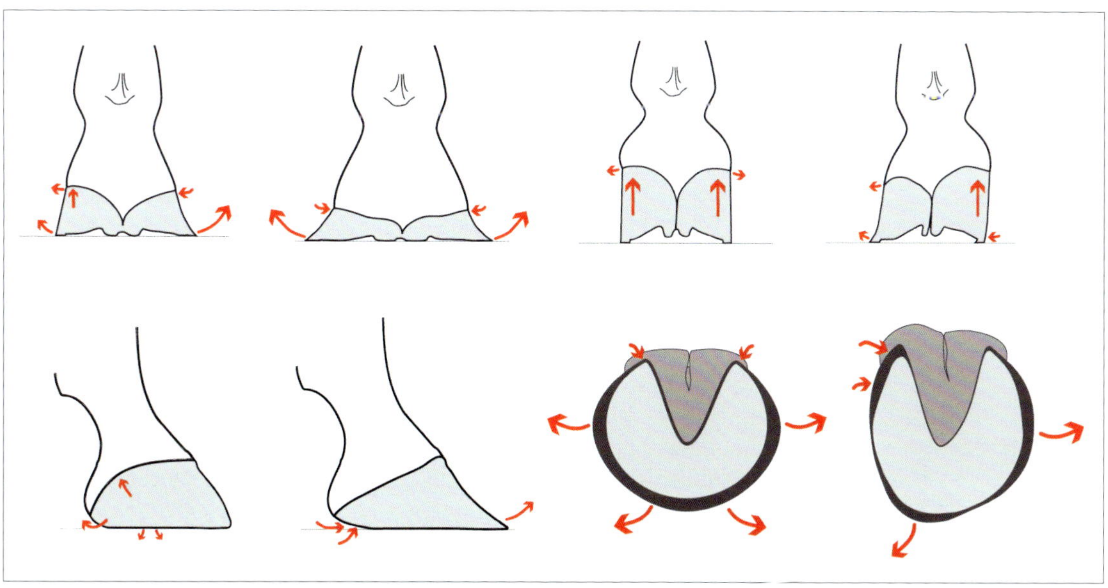

Die Hufbiomechanik fällt bei jedem Huf anders aus, sie ist abhängig vom Untergrund, der Gangart und dem Bewegungsmuster des einzelnen Pferdes. *Grafik: Dr. Konstanze Rasch*

Unbeschlagene Hufe ermöglichen dem Pferd, die Bodenbeschaffenheit abzutasten. *Foto: Christiane Slawik*

Warum ist diese Tatsache bislang so wenig bekannt? Ich denke, hauptsächlich weil der Tastsinn beim Gebrauch und der Nutzung der Pferde eher als störend empfunden wird und so der Vorteil fürs Pferd durch den Nachteil für den Menschen überschattet wird.

Durch seine dreidimensionale Biomechanik bietet der Barhuf einen weiteren Vorteil für die Gesunderhaltung des Pferdes. Anders als in seinem Vorderteil, wo der Hufbeinknochen den Hornschuh ausfüllt, besitzt der Huf im hinteren Bereich einiges an Beweglichkeit. Das sorgt unter anderem dafür, dass unebenes Fußen vom Pferdehuf recht gut kompensiert werden kann. Dem Barhuf ist es bis zu einem gewissen Grade möglich, Unebenheiten und Verwerfungen des Bodens zu schlucken. Das bedeutet eine zusätzliche Entlastung für die Gelenke. Das Barhufpferd spürt also nicht nur sicherer und schneller, wo es hintritt, sondern die Biegung, Stauchung und Dehnung der Hornwände im Zusammenhang mit der vertikalen Verwindungsfähigkeit des Hufes im hinteren Hufbereich ermöglichen es dem Pferdehuf, sich ein Stück weit an den unter ihm befindlichen Boden „anzuschmiegen". Hierdurch werden Stöße des Untergrundes gemildert und einseitige Kraftspitzen auf Knochen, Gelenke und Bindegewebsstrukturen der Gliedmaßen abgeschwächt. Das kommt dem Pferd zum Beispiel auch in engen Wendungen zugute, wo die Gliedmaße stets eine starke einseitige Belastung erfährt, die durch die Kompensation des Barhufs ein Stück weit abgemildert wird. Gemeinsam mit dem Tastsinn trägt diese Fähigkeit des Barhufs maßgeblich zur Gesunderhaltung des Pferdes bei.

Progressive Barhufbearbeitung

Ein ganz enormer, völlig unterschätzter Vorteil des Barhufs ist, dass der Hufbearbeiter – sehr zum Vorteil der Pferdegesundheit – mit ihm anders umgehen kann als mit dem beschlagenen Huf.

Traditionell wird bei der Hufbearbeitung seit Jahrhunderten so vorgegangen, dass die Hufe regelmäßig in ihrer Form und Stellung zum Boden korrigiert werden. Bleiben Wandbereiche im Abrieb zurück und werden zu lang, so werden sie bei der Korrektur durch den Hufbearbeiter gekürzt. Das geschieht stets im Nachhinein, was als selbstverständlich und unvermeidbar empfunden wird. Auf den beschlagenen Huf trifft diese Unvermeidbarkeit auch zu. Beim Barhuf jedoch entfällt die Notwendigkeit, in gleicher Weise vorzugehen. Anders als bei einem Huf, der durch einen Beschlag geschützt ist, findet am Barhuf ein stetiger Hornabrieb statt. In diesen Abrieb kann man sich von vornherein steuernd einschalten, wodurch man nicht ständig in die nachträgliche Verlegenheit kommt, minderabgeriebene Hufwandanteile händisch verkürzen zu müssen. Der Vorteil eines solchen abriebsteuernden gegenüber einem nachholend verkürzenden Vorgehen liegt auf der Hand. In dem Maße, in dem man verhindert, dass der Huf seine Form durch ungleichen Abrieb verliert, erspart man dem Pferd nachteilige Stellungsveränderungen und abrupte Stellungskorrekturen.

Wenn man den Barhuf auf diese Weise davor bewahren kann, schief zu werden, dann sollte man diese Gelegenheit nutzen. Noch viel zu wenige Hufbearbeiter – Hufschmiede wie Barhufbearbeiter – sind sich dieser Möglichkeit bewusst. Das führt dazu, dass in der Praxis bei der Bearbeitung von Barhufpferden leider häufig nicht anders vorgegangen wird als beim Zurichten des Hufes zum Beschlag. Man lässt die Chance auf Abriebsteuerung ungenutzt verstreichen und den Barhuf zwischen den Terminen immer wieder aus der Form geraten, um ihn zum Termin dann stets aufs Neue wieder gerade zu schneiden.

Form- und Funktionserhaltung leicht gemacht

Durch eine solche vorausschauende und abriebsteuernde Bearbeitungsweise können Barhufe nicht nur deutlich leichter in ihrer Form erhalten werden, es gelingt auch einfacher und sicherer, sie in ihrer Form und Funktionsfähigkeit zu verbessern.

Bei einem Huf, der keinen ausgewogenen Abrieb erfährt, kommt es unweigerlich zu Verformungen der Hornkapsel. Man kennt die Neigung beschlagener Hufe hin zur Entwicklung langer Zehen und niedriger Trachten. Häufig geht eine Hyperextension der Zehengelenke damit einher, die die Huf- und Gliedmaßenstrukturen belastet. Am Barhuf lässt sich eine solch ungünstige Situation leicht verhindern und – sollte sie schon bestehen – viel zielsicherer beheben, indem man für Abriebforcierung in den entsprechenden Wandbereichen sorgt. Gleiches gilt für Hufe, die sich einseitig mehr abreiben.

Gerade Hufprobleme lassen sich barhuf leichter lösen. *Fotos: Dr. Konstanze Rasch*

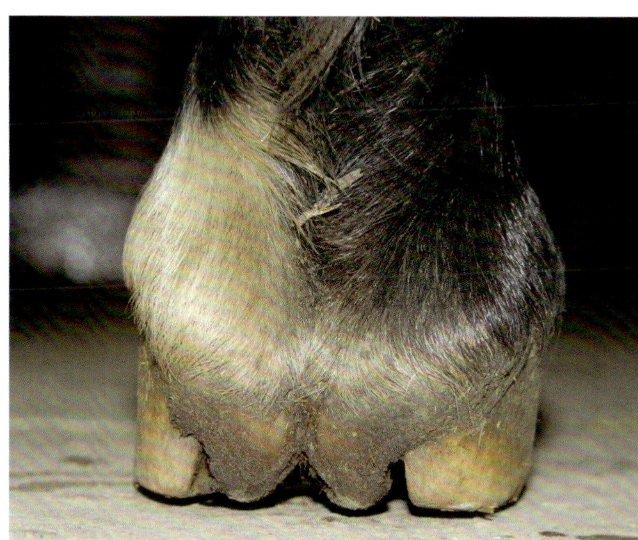

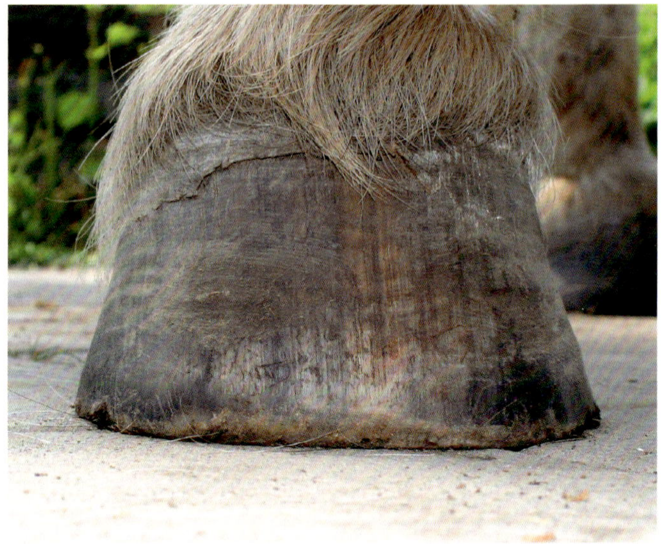

Schiefe Hufe werden barhuf gerader. *Fotos: Dr. Konstanze Rasch*

Gesund, aber schwer möglich

Auch wenn manche Vorteile des Barhufs noch recht unbekannt sind, so gibt es doch ein breites Bewusstsein, dass dem Barhufgehen ganz prinzipiell der Vorzug zu geben ist. Nur leider, so die recht häufige Fortsetzung des Barhufgedankens, ist es unter den heutigen Nutzungs- und Haltungsbedingungen mitunter schwierig bis ganz unmöglich, diesen Vorsatz in die Tat umzusetzen. Ohne Frage hat der Barhuf seine Grenzen. Eine abriebintensive Nutzung oder Haltung erfordert einen Hufschutz, wenn das Pferd nicht leiden oder erkranken soll. Und es gibt – hauptsächlich im Sportbereich – auch nicht selten Leistungen, die dem Pferd abverlangt werden, die es ohne Hilfsmittel an den Hufen nicht vollbringen kann. Unter diesen Bedingungen ist das Hufeisen mitunter die beste Wahl.

Aber was ist mit den Pferden, die nicht intensiv genutzt oder für den Hochleistungssport eingesetzt werden? Viele von ihnen sind beschlagen. Grund hierfür ist oftmals weder die Nutzung noch die Haltung, sondern das Vorliegen von Huf- oder Beinproblemen.

Grenze oder Potenzial?

Hier scheint für die meisten ganz klar die Grenze des Barhufs erreicht: Fehlstellungen, Hufprobleme, Lahmheiten und Erkrankungen machen einen Beschlag leider unabdingbar. Der Beschlag muss Fehler der Hufform oder Beinstellung und Funktionseinbußen der Gliedmaße und des Hufes kompensieren. Der Griff zum Beschlag folgt dabei prinzipiell der gleichen Logik wie die Verschreibung von orthopädischen Einlagen beim Menschen. Das Ganze leuchtet ein: Gibt es Probleme, benötigt das Pferd, wie auch der Mensch, orthopädische Hilfe – beim Pferd sind es Beschläge, beim Menschen orthopädisches Schuhwerk. Was bei diesem Analogieschluss vergessen wird, ist, dass der Mensch im Unterschied zum Pferd keine nachwachsenden Hornschuhe besitzt, also stets auf einen künstlichen Zusatz angewiesen ist, wenn er an der Form seiner Füße etwas ändern möchte oder muss. Das Pferd ist auf diesen künstlichen Zusatz weit weniger angewiesen als der Mensch, weil es mit dem nachwachsenden Horn selbst beständig das Material zur Gestaltung seiner „Schuhe“ hervorbringt. Natürlich können großflächige Defekte, Fehlbildungen und andere Unzulänglichkeiten auch beim Pferdefuß einmal zusätzliche orthopädische Hilfsmaßnahmen erforderlich machen, aber sehr vieles kann der Hornschuh selbst leisten. Diese Leistungen werden bis heute weitgehend unterschätzt. Einer der Vorzüge des Barhufs ist es nun einmal, dass es an diesem deutlich leichter und sicherer gelingt, Hufe in ihrer Form und Funktionsfähigkeit zu verbessern. Dieses Potenzial lässt sich auch und gerade im Krankheitsfall sehr gut nutzen. Der Barhuf, sprich das Barhuflaufen der Pferde, hat ganz zweifellos beides: Er hat seine unbestreitbaren Grenzen und er hat sein besonderes Potenzial. Es ist zu wünschen, dass Letzteres zukünftig stärker als bisher wahrgenommen und genutzt wird. Das kann nach meiner Überzeugung dazu führen, dass die Grenzen zum Wohle der Pferdegesundheit neu gezogen werden können.

Wann brauchen Pferde Hufschuhe? Der Huf bestimmt den Schuh

Interview mit Armin Eberle (Huforthopäde)

Fotos: Marie Maximiuk

In den letzten Jahren gab es ein Umdenken bezüglich des traditionellen Beschlags. Immer mehr Pferdemenschen wollen den Erhalt der natürlichen Huffunktion erhalten und stellen ihre Pferde auf Barhuf um. Da beschlagene Hufe daran gewöhnt sind, Eisen zu tragen, kann die Stabilität des Hufmaterials im Laufe der Jahre gelitten haben beziehungsweise das Pferd kann nach der Umstellung zunächst „fühlig" gehen. Um die Umstellung so schonend wie möglich zu gestalten, kann der Pferdebesitzer bei seinem Schützling Hufschuhe verwenden. Armin Eberle berät seit über 15 Jahren Pferdehalter über Hufpflege und Hufschutz. Natural Horse hat mit ihm über Hufschuhe gesprochen.

AE – Armin Eberle, NH – Natural Horse

NH: Aus welchen Gründen braucht ein Pferd Hufschuhe?

AE: Der traditionelle Eisenbeschlag schränkt den Hufmechanismus, das heißt die Stoßdämpfung und die Blutzirkulation im Huf ein, das ist erwiesen. Natürlich gibt es Fälle, bei denen ein Beschlag notwendig ist. Gerade im Gelände mit vielfältiger Bodenstruktur ist das Reiten ohne Hufschutz so gut wie unmöglich. Da bieten sich Hufschuhe als Schutz an, denn sie beugen zu viel Abrieb auf Asphalt und fühligem Laufen auf unebenen und steinigen Böden vor. Der große Vorteil: Sie schonen den Huf in Belastungsspitzen und werden nur bei ungünstigen Bodenverhältnissen und längeren Ausritten oder Wanderritten benutzt.

NH: Wie lange dauert die Umstellungsphase von Beschlag auf Barhuf?
AE: Die Umstellung benötigt mehrere Wochen, in Einzelfällen zwei bis drei Monate. Ich habe Pferde umgestellt, bei denen bereits nach vier Wochen nichts mehr am Huf zu sehen war, bei anderen brauchte es mehr als sechs Monate. In der Regel kann nach zwei bis drei Wochen das Reiten mit dem Pferd wieder aufgenommen werden. Ein Huf benötigt circa acht bis zwölf Monate, um einmal komplett nachzuwachsen. Etwaige Winkelstellungen und Disbalancen wachsen innerhalb dieses Zeitraumes heraus.

AE: Es stellt sich wie bei uns Menschen dar, wenn wir für eine längere Bergtour einen Wanderschuh kaufen möchten. Auch gibt es bei den Hufschuhen für Pferde unterschiedliche Modelle für unterschiedliche Fuß- beziehungsweise Hufformen und -größen. Für die meisten Hufe kann dank der heutzutage breiten Auswahl und Vielzahl von Modellen ein passender Hufschuh gefunden werden. Bei asymmetrischen Hufen kommen in der Regel Hufschuhe zum Einsatz, die beim Kronrand geschlossen, also hochgeschnitten sind. Bei solchen Hufformen besteht eine erhöhte Gefahr des Drehens. Das ist unangenehm fürs Pferd, wirkt sich negativ auf das Gangbild sowie Bewegungsabläufe aus und kann zudem Scheuerstellen verursachen. Die meisten Pferde haben vorne und hinten nicht die gleiche Größe und Form der Hufschuhe. Vorne sind die Hufe meist etwas größer und runder als hinten.

Das Gesetz der Natur gibt es uns vor. Nur ein Pferd mit gesunden und starken Hufen kann in der Freiheit überleben. Dies sollte man nie aus den Augen verlieren, denn auch unsere vierbeinigen Freunde können uns nur mit gesunden Hufen jeden Tag Freude bereiten.

Armin Eberle

NH: Worauf muss der Pferdebesitzer achten, wenn er bei seinem Pferd Hufschuhe verwendet?
AE: Hufschuhe sollten fest sitzen und auch unter anspruchsvollen Bedingungen, beim Querfeldeinreiten oder in steilem Gelände, nicht verrutschen. Ein guter Hufschuh sollte außerdem Regen und Matsch und auch einem Galopp standhalten. Ein wichtiger Punkt bei der Passform ist zudem, dass die Schuhe nicht scheuern. Zum Geländebeziehungsweise Wanderreiten sollten die Schuhe robust und aus einem langlebigen Material sein. Ein Material, das sich zu sehr mit Wasser aufsaugt und kaum trocknet, ist weniger geeignet. Die Hufschuhe sollten zudem möglichst wenige Verschleißteile haben und diese sollten, falls notwendig, einfach auszutauschen sein. Ideal ist noch ein weicheres Sohlenmaterial, welches die Tritte über Stock und Stein etwas abfedert.

NH: Gibt es für jeden Huf den passenden Hufschuh? Wie ist das zum Beispiel mit asymmetrischen Hufen, wenn die Hufformen vorne und hinten unterschiedlich sind?

NH: Wie lange sollten gute Hufschuhe halten?
AE: Der Wunsch: so lange wie möglich! Die Realität: Die Belastungen der Materialien sind beim Reiten sehr hoch, Verschleiß findet statt, sei es der Abrieb der Sohle oder dass Verschlussmaterialien ersetzt werden müssen. Je nach Reitintensität, Böden und Gangverhalten eines Pferdes kann der Wert demzufolge stark abweichen. Eine Daumenregel besagt, dass ein Hufschuh circa ein Jahr halten sollte.

Selbstverständlich hängt die Lebensdauer stark davon ab, auf welchen Böden wie intensiv geritten wird. Auch das Gangbild des Pferdes ist entscheidend. In der Regel halten sehr gute Hufschuhe (zum Beispiel Swiss Galoppers) bis zu 2.000 Kilometer. Abhängig von Pflege und Witterungsverhältnissen müssen die Verschlussbänder gegebenenfalls ausgetauscht werden.

NH: Wenn die Umstellung von Eisen auf Barhuf länger dauert, weil die Hufqualität nicht gut ist, muss man die Hufschuhe wie auch beim Sattel neu anpassen? Und wie geht das vor sich?

AE: Das ist in den meisten Fällen so. Der Huf und dessen Beschaffenheit verändern sich über die ersten Monate durch das freie Nachwachsen des Horns teilweise beträchtlich. Form und Winkelung können sich verändern und darum auch unterschiedlichen Hufschutz/Hufschuhe erforderlich machen. Es ist ratsam, in den ersten Monaten Test- oder Mietmodelle zu nutzen oder gebrauchte Hufschuhe zu verwenden, bis der Huf die endgültige neue Form und Größe hat und dann ein passendes Modell und Größe gekauft werden kann. Ich empfehle allen Kunden, vorgängig Hufschuhe zu testen und zu prüfen, was für Pferd und Reiter passt. In der Umstellungsphase bei asymmetrischen Hufen sind Kunden oft gut beraten, ein Hufschuhmodell zu verwenden, das beim Kronrand abschließt. Bei jedem Hufpflege-Intervall sollte gemeinsam mit einer Fachperson geprüft werden, ob der aktuelle Hufschutz noch passend ist.

NH: Es gibt ja verschiedene Hufschuhe am Markt. Wie ging die Entwicklung der Hufschuhe in den letzten Jahren vor sich? Gibt es da Veränderungen und, wenn ja, welche?

AE: In den letzten sieben Jahren sind in der Tat einige neue Hufschuhe und Anbieter auf den Markt gekommen und bestehende Anbieter haben ihr Sortiment erweitert – ein klares und positives Zeichen für die Barhufreiterei und den Trend hin zu mehr Offenställen und artgerechter Pferdehaltung. Ein gutes Zeichen auch für alle Reiterinnen und Reiter, die zukünftig umstellen wollen. Es kann für fast jeden Huf etwas Passendes gefunden werden. Im Markt hat eine Modernisierung stattgefunden, die Modelle verwenden hochwertigere Materialien, die teilweise auch recycelbar sind. Was früher als alternativ galt, kann heute auch mit ansprechenden Designs aufwarten. Es gibt viele verschiedene Ausführungen mit unterschiedlichen Vorzügen wie zum Beispiel stoßdämpfenden Innensohlen oder gutem Sohlenprofil. Was immer noch eine Herausforderung darstellt, ist, dass zum einen ein Hufschuh an „etwas Lebendiges" kommt, das sich in Größe und Form immer wieder verändert. Zum anderen müssen bei der Anwendung auf unterschiedlichen Böden und in allen Gangarten enorme Druckverhältnisse, Scherkräfte und Belastungen gemeistert werden. Infolge dieser Parameter sind eine Beratung und ein vorgängiges Testen immer eine gute Sache, und zwar für Pferd und Reiter.

NH: Danke für das Interview!

Foto: Marie Maximiuk

Armin Eberle, DHG und DIFHO Huforthopäde, beschäftigt sich seit mehr als 15 Jahren mit Pferden. Schon früh hat er angefangen, bei seiner damaligen Stute die Hufe selbst zu bearbeiten. Um diese Arbeit auf eine solide Grundlage zu stellen, hat er sich bei der Deutschen Huforthopädischen Gesellschaft (DHG) wie auch dem Deutschen Institut für Huforthopäden (DIFHO) zum Huforthopäden ausbilden lassen. Diese hat er im Jahr 2004 abgeschlossen und sich seitdem auch immer wieder weitergebildet. Bis heute arbeitet er als selbstständiger Huforthopäde in der Schweiz und ist Produktentwickler bei Swiss Galoppers.

Hier geht es zur **Hufschutzberatung** mit **Armin Eberle:**

https://calendly.com/swiss-galoppers-beratung

Eco Hoof Print

In der Pferdewelt gibt es immer mehr Produzenten, die die Umwelt schützen wollen und sich über regionale, wiederverwertbare und vor allem nachhaltige oder gesundheitsfördernde Produkte für Ihr Pferd Gedanken machen. Wir wollen diese Produkte vorstellen – zum Wohl der Pferde.

von Martina Kiss

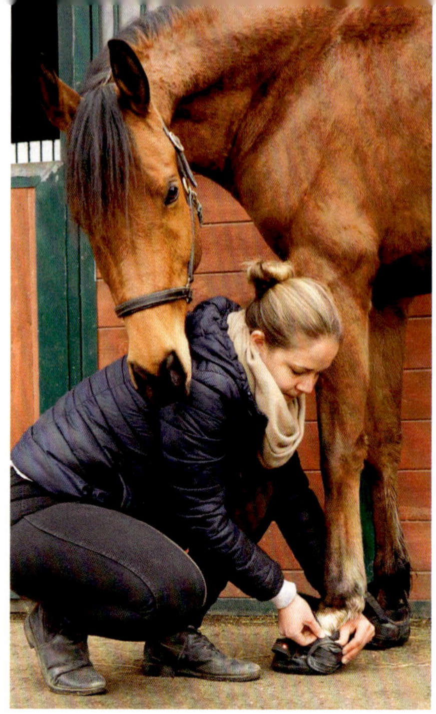

Fotos: Marie Maximiuk/Swiss Galoppers

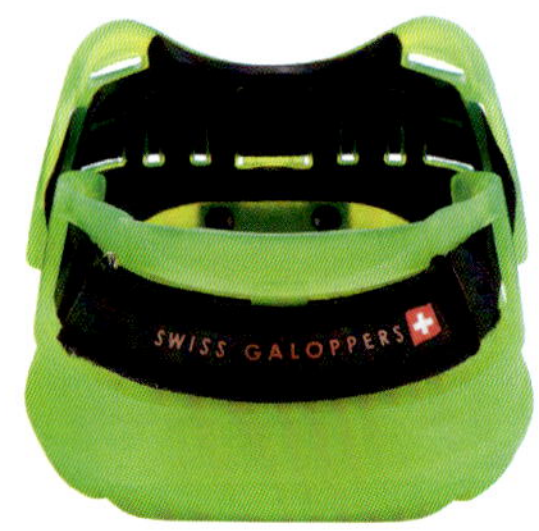

Swiss Galoppers Hufschuhe

Ohne gesunden Huf kein gesundes Pferd, denn auf den Hufen lastet das Gewicht des ganzen Pferdes. Hufe können aus verschiedenen Gründen Schutz brauchen: Umstellung von Eisen auf Barhuf, genetisch bedingt schlechtes Hufmaterial, Verletzung, Fütterungsfehler oder auch nur die temporäre Schonung des Hufes beispielsweise auf einem längeren Wanderritt – alles Gründe, weshalb der Pferdebesitzer als Alternative auf Hufschuhe setzt. Diese müssen fest sitzen, dürfen nicht scheuern und sollten auch einem schnellen Galopp sowie Regen und Matsch standhalten.

Die Firma Swiss Galoppers punktet hier mit einem Konzept, das sich auch der Nachhaltigkeit verschrieben hat. Diese Schweizer Hufschuhe sind tiefgeschnittene Schalenschuhe mit Klettverschluss, wodurch man sie leicht und schnell an- und ausziehen kann. Die Hufschuhe halten bis zu 2.000 Kilometer und sorgen für Sicherheit und eine lange Lebensdauer. Die ergonomische Polsterung für Ballen und Fesseln steht für einen hohen Tragekomfort. Die Hufschuhe gibt es inzwischen in zwölf verschiedenen Größen und in Ausführungen für Sommer und Winter.

Optimaler Komfort und einfache Handhabung

Enrico Maraffio, Geschäftsführer von Swiss Galoppers, und Armin Eberle, Huforthopäde, haben zusammen einen Hufschuh entwickelt, der durch eine flexible Sohle einen gesunden Hufmechanismus ermöglicht, eng am Huf anliegt und somit einen guten Halt und ein natürliches Gangbild gewährleistet – optimaler Komfort für das Pferd und durch den Klettverschluss eine einfache und praktische Handhabung für den Reiter.

Gelebte Nachhaltigkeit

Auch hier stechen die Schweizer Hufschuhe hervor. Sie werden in Lupfig in der Schweiz gefertigt. Auf die Frage, warum in der Schweiz, wo doch die Produktion in China wesentlich günstiger ist, erklärt Enrico Maraffio: „Die Qualität unserer Hufschuhe steht an erster Stelle und es wäre auch sehr schwierig, die Produktion und die Qualität in China zu überwachen oder Änderungen am Produkt vorzunehmen. Gleichzeitig stärken wir damit den Wirtschaftsstandort Europa."

100 % recycelbares Material

In Zeiten des Klimawandels steht das Thema Nachhaltigkeit auch in der Pferdeausrüstung an erster Stelle. Hier der große Pluspunkt: Die Swiss Galoppers sind zu 100 Prozent aus recycelfähigem Material. Der Kunde kann seine runtergerittenen Swiss-Galoppers-Hufschuhe einschicken und sie werden (nach einer aufwendigen Reinigung und Aufbereitung) wiederverwertet.

Enrico Maraffio: *„Das ist unser Beitrag zum Umweltschutz. Gemeinsam der Umwelt zuliebe!"*

Nähere Informationen:
www.swiss-galoppers.com

Hier geht's zum ebook „Barhuf Umstellung leicht gemacht"

https://swiss-galoppers.com/pages/barhufumstellung

Harrys Welt

Pferdedecke? Nein danke!

Nur weil die Menschen vor vielen Jahren ihr Fell verloren haben, meinen sie, wir Pferde würden im Winter auch eine wärmende Decke oder eine Regendecke brauchen.

Die Hälfte meiner Kollegen auf der Weide tragen solche Decken und fühlen sich nicht sehr wohl damit. Abgesehen davon, dass sie uns in der Bewegung einengen, schaden sie mehr, als sie nutzen.

Wir Pferde müssen uns nicht je nach Wetterlage umziehen – wir haben ein Hightechfell, das uns vor allen Wetterlagen schützt. Mein Winterfell hat eine wunderbare Unterwolle, die auch leicht fettig ist. Die wärmt und wenn ich schwitze, leitet sie die Feuchtigkeit nach außen. Deshalb ist meine Haut immer schön trocken. Meine längeren Deckhaare wachsen nach unten. Wenn es regnet, fangen sie den Regen auf und lassen ihn nach unten ablaufen. So bleibt mein Unterfell immer schön trocken und warm. Wenn es sehr kalt ist, kann ich mein Fell ein wenig aufrichten. Die Luft, die dann in mein Fell strömt, erwärmt sich durch meine Körperwärme.

Manchmal, wenn es sehr nass ist, legt mir mein Mensch Stroh auf den Rücken, wenn ich abends in den Unterstand komme. Dort fängt sich in den Halmen auch die Luft und hält mich warm. Meine armen Kollegen haben ihre Decken oft tage- oder gar wochenlang auf dem Rücken. Ihr Menschen tragt eure Unterwäsche doch auch nicht wochenlang, denke ich zumindest. Entsprechend feuchtwarm ist es unter der Pferdedecke – ein Paradies für Hautpilz, beginnende Allergien und Ekzeme.

Ich denke, dass es auch darauf ankommt, welcher Abstammung meine Weidekollegen sind und woher sie kommen. Ein Araber, der in der Wüste aufgewachsen ist, oder ein Spanier, der aus dem Süden kommt – ja, die haben es in kälteren Gebieten (und dazu zähle ich hier, wo ich stehe, also im Norden Deutschlands) wohl etwas schwerer. Die haben keine Unterwolle oder nur sehr wenig. Wobei wir beim Thema „Rettungspferde aus dem Süden“ wären, aber das behandle ich in einer anderen Kolumne.

Wieder zurück zum Fell! Ja, Pferde mit wenig Unterwolle, dass denen kalt ist, wenn so gar keine Thermoregulation möglich ist, gut, da kann man eine Regendecke bei strömendem Regen raufgeben. Aber Leute, doch nicht bei 15 Grad und mehr! Dafür hat uns Mutter Natur mit wirklich guten Skills ausgerüstet. Wenn ich so sehe, wie manche meiner Kollegen (zusätzlich mit einem schlechten Stoffwechsel) kämpfen, weil sie bei hohen Temperaturen so schwitzen.

Ich bin jetzt 33 Jahre alt, sehr gesund und habe höchstens mal eine Abschwitzdecke getragen, wenn ich krank war. Also traut euch. Einzige Gegenleistung: Reitet uns ein wenig länger Schritt, damit wir abtrocknen können, und stellt uns anschließend nicht in die Zugluft. Dafür helfen wir mit, Tierarztkosten zu sparen.

In diesem Sinne: Pferdedecke? Nein danke!

Euer Harry

Wer Fragen, Anliegen oder Wünsche hat, kann mir unter harry@naturalhorse.de eine Mail schreiben.

Kolumne

Leise rieseln die Weihnachtsgeschenke ...

... für alle, die Achtsamkeit mit ihren Pferden leben. Wir wollen uns auch dieses Jahr wieder bei allen Lesern für ihre Treue und ihr Interesse an den Themen, die in Natural Horse erscheinen, bedanken! Wie jedes Jahr warten Gewinne auf neue Besitzer:

1. Preis

Quittpad-Kurzgurt

Quittpad-Gurte zeichnen sich durch ein eigenentwickeltes Material aus, das schon bei Sattelunterlagen verwendet wird – den Quittpad-3D-Kern. Dieses Prinzip ist nun auch das Herzstück dieses Gurtes. Dadurch wirkt der Gurt druckentlastend und gewährt Ellbogenfreiheit und Brustbeinunterstützung. Er berücksichtigt die anatomische Besonderheit verschiedener Pferdekörper. Die am Pferd liegende Seite des Gurtes ist mit einer Oberseite aus weichem Gewebe ausgestattet, das ein Vielfaches seines Volumens an Feuchtigkeit aufnehmen kann und somit klimatisiert. Durch die leichte Textiltextur des Quittpad-Materials kommt es bei den Pferden zu weniger Anspannung beim Satteln

Nähere Informationen auf www.quittpad.com

2. Preis

Reit- und Freizeittasche mit Wandhalter aus Massivholz

Die robuste Tasche bietet mit ihren drei Fächern ausreichend Platz für Handy, Schlüssel, Taschentücher und Leckerlis. Der Gürtel ist stufenlos verstellbar. Der Stoff ist aus Biobaumwolle, wird handgewachst und ist für jede Witterung geeignet. Jede Tasche ist ein handgefertigtes Unikat. Der Wandhalter aus wiederverwertetem unbehandeltem Weichholz mit 15 Zentimeter Durchmesser kann zur Aufbewahrung von Trense, Longe und Co. dienen.

Nähere Informationen zu den Produkten bei www.sommer-menschpferd.de

3. Preis

Backmischung für Pferdekekse

Backmischung für Pferdekekse zum Ausstechen in einer wunderschönen Flasche mit Weihnachtsband aus Stoff mit Anleitung und einer Kräutermischung fürs Ausrollen.

Nähere Informationen auf www.okapi-online.de

+ Gutschein
10 %
auf Ihre nächste Bestellung bei **OKAPI-online**

Foto: Christiane Slawik, Schneeflocken: shutterstock: Oleh_Svetiukha

4. Preis

Ein **Jahresabo Natural Horse** ab Ausgabe 01/2022

5. Preis

1 x Sonderausgabe Natural Horse Spezial – Alternative Heilmethoden

+ 1 x Sonderausgabe Natural Horse Spezial – Gebissfrei reiten

+ 1 x Sonderausgabe Natural Horse Spezial – Pferdesenioren

6. Preis

Eine Welt voller Pferde
Bildband von
Christiane Slawik

7.– 10. Preis

Bücher aus der Natural Horse Serie des Crystal Verlags.

Nähere Informationen auf www.crystal-verlag.com

+ ein stylisches Lesezeichen der Firma Tohuus.
www.made-tohuus.de

Wir bedanken uns ganz herzlich bei den Firmen Quittpad, Sommer Reittaschen und Okapi für die Zurverfügungstellung der Preise. Weiters bedanken wir uns für die wunderschönen Lesezeichen der Firma Tohuus als Zusatzgeschenk zu den Büchern des Crystal Verlags. Und ganz besonders bedanken wir uns bei Kirsten Fleiser, die die Geschenke für unsere Leser mit großem Engagement organisiert hat.

Wer einen dieser Preise gewinnen will, sendet bitte eine E-Mail mit dem Kennwort „Weihnachtsverlosung 2021" an info@naturalhorse.de (mit Namen, Adresse, E-Mail und Telefonnummer sowie der Einverständniserklärung zur Datenweitergabe) oder schickt den unten stehenden Coupon ausgefüllt an folgende Adresse (**Einsendeschluss** ist der **8. Dezember 2021** – Poststempel oder E-Mail):

Crystal Verlag GmbH
Friedrichsruher Weg 33
D-21465 Wentorf bei Hamburg

Weihnachtsverlosung 2021 – Natural Horse

○ Ja, ich möchte an der Weihnachtsverlosung teilnehmen und einen der Preise gewinnen.

Name:

Adresse:

E-Mail:

○ Ja, ich möchte den kostenlosen Newsletter erhalten.

Hiermit erkläre ich mich bereit, dass meine Daten für Werbeaktionen im Rahmen der Verlosung auch im Internet (Social-Media-Kanäle) erscheinen.

Impressum

Natural Horse
Über den achtsamen Umgang mit Pferden
Friedrichsruher Weg 33
D-21465 Wentorf bei Hamburg
info@naturalhorse.de

erscheint in der Crystal Verlag GmbH
Friedrichsruher Weg 33
D-21465 Wentorf
Tel. +49 (0) 40 710 015 68
Fax +49 (0) 40 730 915 93
info@crystal-verlag.com

Herausgeber
Hans J. Schmidtke

Chefredakteurin
Martina Kiss

Autoren dieser Ausgabe
Daniela Bolze, Dr. Christina Fritz, Petra Haubner, Adrian Heinen, Manfred Hessel, Martina Kiss, Gertrud Pysall, Dr. Konstanze Rasch, Alexandra Rieger, Nina Steigerwald, Marlitt Wendt

Layout und Grafik
Eva Lakas Dipl. Des. (FH) | Berlin

Titelfoto
Christiane Slawik

Pressevertrieb
UMS Pressevertrieb Limited, 51545 Waldbröl

Abonnements
Natural Horse Leserservice
PressUp GmbH
Postfach 70 13 11
22013 Hamburg
Tel. +49 (0)40 38 6666 – 317
Fax +49 (0)40 38 6666 – 299
abo@naturalhorse.de

Einzelhefte
Crystal Verlag GmbH
Friedrichsruher Weg 33
D-21465 Wentorf
info@naturalhorse.de

Mediaberatung
Kirsten Fleiser
Crystal Verlag GmbH
Friedrichsruher Weg 33
D-21465 Wentorf
media@crystal-verlag.com

Druck
Grafisches Centrum Cuno, Calbe

Natural Horse
natural_horse_pferdemagazin
Natural Horse

www.naturalhorse.de